プーチン日本の政治を叱る

緊急守護霊メッセージ

RYUHO OKAWA
大川隆法

まえがき

ロシアのプーチン大統領守護霊による三冊目の霊言集《れいげんしゅう》である。本書は、日本時間、五月六日夜、安倍―プーチン会談が行われた「直後」ともいえる時間帯に収録されたものである。安倍総理はまだ帰国しておらず、会談の内容が報道される前のプーチン氏の本音トークである。

内容的には相当手厳《そうとうてきび》しく、プーチン氏は怒りを隠《かく》さない。柔道家《じゅうどうか》らしく正々堂々《せいせいどうどう》たる試合を望んでいる。

本書を読めば、きっと安倍総理も怒り出すことだろう。ただ、怒って本書を床《ゆか》にたたきつける前に、プーチン氏こそ、現代日本の武士《さむらい》であることをお信じ頂きた値段の付けようのない貴重《きちょう》な情報なのだ。

い。過去何度も、日本の為政者《いせいしゃ》として生まれた、現代ロシアの大統領の本心は、

二〇一六年　五月十九日

幸福《こうふく》の科学《かがく》グループ創始者兼総裁《そうししゃけんそうさい》
幸福実現党創立者兼総裁《こうふくじつげんとうそうりつしゃけんそうさい》
大川隆法《おおかわりゅうほう》

プーチン　日本の政治を叱る　目次

まえがき　3

プーチン　日本の政治を叱《しか》る

――緊急守護霊《きんきゅうしゅごれい》メッセージ――

二〇一六年五月七日　収録

東京都・幸福の科学　教祖殿《きょうそでん》　大悟館《たいごかん》にて

1　安倍《あべ》首相との会談翌日に現れたプーチン大統領の守護霊　17

安倍首相に対して不満げなプーチン守護霊　17

「ロシアから見た日本」について言いたいことを言ってもらう　19

「プーチン守護霊霊言《れいげん》」は本人の本音を知ることができるチャンス　21

2　「安倍は基本戦略を間違《まちが》っとる」　24

「安倍じゃ話にならない」と語るプーチン守護霊　24
安倍首相の対応への不満　29
ヨーロッパ歴訪後の会談についてどう思っているのか　32
議長国である日本は、「伊勢志摩《いせしま》サミット」にロシアを呼ぶべき　35
日露《にちろ》首脳会談でプーチン大統領が一時間遅《おく》れた理由とは　36
「日本で信用できるのは大川隆法ただ一人だ」　38

3　日本はロシアとの友好を失ってよいのか？　43
ウクライナ問題で欧米《おうべい》に追随《ついずい》した安倍首相への批判　43
「日本が理解を示してくれれば、ロシアは孤立《こりつ》せずに済んだ」　47
中国の軍事パレードに参加した「本当の理由」とは　51
「北方四島の返還《へんかん》なんて、本気だと思ってないから」　54

4　日本の政治に足りないのは「ディシジョンメーカー」　59
「政治家は、ディシジョンメーカーであれ」　59

「沖縄《おきなわ》問題も解決できないようでは、話にならない」 65
もしプーチンが日本の総理なら、沖縄県知事をどうするか 69
「官僚《かんりょう》制の問題」を解決するために必要なものとは 73
「日本の外務大臣・外務省は、まったく話にならない」 77

5 プーチン守護霊は世界の指導者をどう見ているか 81

北朝鮮《きたちょうせん》の「労働党大会」にミサイルをぶち込《こ》めばいい!? 81
「日本は、日本海で独自に『軍事演習』をやったらいい」 85
もしプーチンが日本の総理大臣だったら、金正恩《キムジョンウン》はどうなる？ 88
「こんなの独立国家じゃないよ。あそこまでコケにされて」 91
「サミット」は弱者連合？　「米韓《べいかん》軍事演習」は効いていない 93
「安倍総理は、マスコミといちばんよく飯《めし》を食ってる総理」 95
安倍総理が「独裁者」になるには、トランプ氏を見習うべき？ 98
「オバマやメルケルは、マスコミが喜ぶようなことばかりする」 100

「トランプは、二丁拳銃《にちょうけんじゅう》を持ってるガンマンみたい」 103
もしトランプ氏が大統領になったら、「ウクライナ問題」は？ 105

6 ロシア・中国の両国が日本の仮想敵になる!? 108

“トランプ政権”の時代、「日本の外交」はどうあるべきか 108
「在日米軍の撤退《てったい》」を喜ぶのは、中国だけではない 110
「安倍さんが出してきた経済の話は、全然、当てにならない」 112
停戦のための「日本の方針演説」を求めるプーチン守護霊 114
「シベリア抑留《よくりゅう》の補償《ほしょう》問題の見通しも決めなきゃいけない」 117
「東京から北海道経由で、モスクワまでリニアを敷《し》けよ」 119
今、「ロシア問題」を考えている政治家がほとんどいない 121
プーチン守護霊が指摘《してき》する「日本の新たな仮想敵」の可能性 122
中国とロシアは「利用し合わなきゃいけない」 126
ロシアと日本の理想の関係とは 131

7 シリア情勢とEUの混迷《こんめい》について訊《き》く　133

「シリア情勢」に対する見解を語る　133

「北方四島」を返還する条件とは　138

「私の判断で、平壌《ピョンヤン》を攻撃《こうげき》することができる」　140

EUと中国の関係の行《ゆ》く末《すえ》　144

「日本にいる賢者《けんじゃ》の言うことを、よく聴《き》くべきだ」　147

プーチン守護霊が勧《すす》める「大胆《だいたん》な考え」　150

8 五年以内に予想されるアジアの危機とは　155

習近平《しゅうきんぺい》が任期中に狙《ねら》う「台湾併合《たいわんへいごう》」　155

習近平は五年以内に勝負をかけてくる　160

「台湾陥落《かんらく》を防ぐ方法」とは　164

日本の核《かく》装備に関する明快な意見　168

9 日本が真の独立国になるためには何が必要か　174

日本への思いを熱く語るプーチン守護霊　174
日本国憲法に関する鋭《するど》い指摘　180
各国首脳に「天皇家は天照大神《あまてらすおおみかみ》の子孫《しそん》」と説明できるのか　187

10　プーチン守護霊、幸福の科学への期待を語る　191
世界の指導者で「アベンジャーズ」に入れるのは誰《だれ》か　191
「幸福の科学は将来的に日本を引っ張っていく存在」と予想　196
日本のマスコミは「オピニオンの重要さ」が判断できていない　198
「プーチンが日本の総理になったらどうするか」を考えよ　201

11　日露外交に今必要な〝大技《おおわざ》〟とは　205
プーチン守護霊が見た「日露首脳会談の成果」は？　205
「主の道を整えよ！」と大川隆法の弟子《でし》たちを叱咤《しった》　207
平和条約では足りないと考えるプーチン大統領の〝大技〟とは　213
最後は「正しい読みをしている人」のところについてくる　215

12　三度目のプーチン守護霊の霊言を終えて　219

あとがき　222

「霊言現象《れいげんげんしょう》」とは、あの世の霊存在の言葉を語り下ろす現象のことをいう。これは高度な悟《さと》りを開いた者に特有のものであり、「霊媒現象《れいばいげんしょう》」(トランス状態になって意識を失い、霊が一方的にしゃべる現象)とは異なる。外国人霊の霊言の場合には、霊言現象を行う者の言語中枢《ちゅうすう》から、必要な言葉を選び出し、日本語で語ることも可能である。

また、人間の魂《たましい》は原則として六人のグループからなり、あの世に残っている「魂のきょうだい」の一人が守護霊《しゅごれい》を務めている。つまり、守護霊は、実は自分自身の魂の一部である。したがって、「守護霊の霊言」とは、いわば本人の潜在《せんざい》意識にアクセスしたものであり、その内容は、その人が潜在意識で考えていること(本心)と考えてよい。

なお、「霊言」は、あくまでも霊人《れいじん》の意見であり、幸福の科学グループとしての見解と矛盾《むじゅん》する内容を含《ふく》む場合がある点、付記しておきたい。

プーチン　日本の政治を叱《しか》る

――緊《きん》急《きゅう》守《しゅ》護《ご》霊《れい》メッセージ――

二〇一六年五月七日　収録

東京都・幸福の科学　教《きょう》祖《そ》殿《でん》　大《たい》悟《ご》館《かん》にて

ウラジーミル・プーチン（一九五二〜）

ロシアの政治家。レニングラード大学法学部を卒業後、旧ソ連のソ連国家保安委員会等で活躍《かつやく》。エリツィン政権の末期に首相となった後《のち》、「強いロシア」を掲《かか》げて大統領を二期務める。いったん首相に戻《もど》ったが、二〇一二年三月の大統領選に勝利し、三期目の大統領に就任。親日派であり、柔道家《じゅうどうか》としても知られる。日本人としての過去世《かこぜ》は聖武《しょうむ》天皇、足利義政《あしかがよしまさ》、徳川吉宗《とくがわよしむね》。

質問者

大川裕太《おおかわゆうた》（幸福の科学常務理事 兼《けん》 宗務《しゅうむ》本部総裁室長代理 兼 総合本部アドバイザー
兼 政務本部活動推進参謀《さんぼう》 兼 国際本部活動推進参謀）

里村英一《さとむらえいいち》（幸福の科学専務理事〔広報・マーケティング企画《きかく》担当〕兼 ＨＳＵ講師）

市川和博《いちかわかずひろ》（幸福の科学専務理事 兼 国際本部長）

［役職は収録時点のもの］

1　安倍《あべ》首相との会談翌日に現れた　プーチン大統領の守護霊《しゅごれい》

安倍《あべ》首相に対して不満げなプーチン守護霊《しゅごれい》

大川隆法　昨日《さくじつ》は、北朝鮮《きたちょうせん》を建国した、金日成《キムイルソン》の霊言《れいげん》を録《と》りました（二〇一六年五月六日収録「金日成の霊言」。『北朝鮮　崩壊《ほうかい》へのカウントダウン　初代国家主席・金日成の霊言』〈幸福の科学出版刊〉参照）。すでに亡《な》くなっている方なので、本人の霊言です。

　それで、今日は休めるかと思っていたのですが、朝から誰《だれ》かがお出ましになったため、訊《き》いてみたところ、プーチン氏の守護霊《しゅごれい》ということでした。

『北朝鮮 崩壊へのカウントダウン　初代国家主席・金日成の霊言』（幸福の科学出版刊）

この人の霊言本は、過去に二回、二年おきぐらいに出しています（『ロシア・プーチン新大統領と帝国《ていこく》の未来』〈幸福実現党刊〉、『プーチン大統領の新・守護霊メッセージ』〈幸福の科学出版刊〉参照）。二〇一二年、二〇一四年と出しているので、それから二年ぐらいたちました。

ちょうど、日本時間では昨日《きのう》の五月六日の夜に、ソチで安倍《あべ》首相とお会いになったようですが、新聞報道等では、まだ詳《くわ》しいことはよく分からず、「こんなことを言ったのではないか」というような感じのことしか出ていません。

ただ、（プーチン守護霊が）すぐにこちらに来たところを見ると、何かご不満がおありなのでしょう。安倍首相は気を悪くされるかもしれませんが、「安倍では話にならん」というような感じのことを、少し

『ロシア・プーチン新大統領と帝国の未来』
（幸福実現党刊）

『プーチン大統領の新・守護霊メッセージ』
（幸福の科学出版刊）

言っておられます。

「本人の気持ちを直接語れる」という意味では、幸福の科学は大事な場所なのかもしれませんし、ご本人も、当会の霊言集のロシア語訳を読んでいらっしゃるので、何が言いたいのか、日本の政治について、何を不満に思っているのか等をお訊きしたいと思います。今月（二〇一六年五月）末には伊勢志摩《いせしま》サミットがありますけれども、ロシアは外されているので、何か言いたかったことがおありなのではないでしょうか。

昨日の会談には一時間遅《おく》れで現れ、安倍首相を待たせたそうですが、これは当然、政治的に意味があることでしょうから、何かの不快感の表れと推定されます。

「ロシアから見た日本」について言いたいことを言ってもらう

大川隆法　今回の霊言収録に当たっては、日本の政治についても多少知っていなければいけないし、国際政治についても知っていなければいけないということで、質問者には、広報局の里村《さとむら》さんと国際本部長の市川《いちかわ》さん、そして、まだ学生ではありますが、今は国際政治のほうを専門に学んでいるということで、三男の大川裕太《ゆうた》に出てきてもらいました。彼は、当会ではいちおう、国際と政党部門の参謀《さんぼう》を担当しているので、そちらのほうで意見を言ってもらおうかなと思っています。

今日は、「回転が悪いと叱《しか》られそうな感じ」がきているので、（プーチン守護霊は）そういう方のようです（笑）。

また、私たちは、日本のなかにいて、日本のことを分かり切らないところもあるので、外国から言ってもらったほうが、かえってよく分かることもあります。

昨日も、北朝鮮建国の方（金日成）が、ほかの方とは違《ちが》う言い方をしていたので、「ああ、そういう考えもあるのだな」と、勉強にはなりました。

今日は、守護霊ということで、地上のご本人の直接の意見ではないので、公的な責任があるわけではないこともあり、ロシア側から見た日本について、言いたいことを言ってもらおうかと思っています。

「プーチン守護霊霊言《しゅごれいれいげん》」は本人の本音を知ることができるチャンス

大川隆法　ただ、感触《かんしょく》として、人によって違うこともありますが、プーチン氏の場合は、守護霊《しゅごれい》と本人の表面意識とが、かなり同通していて、非常に近いのではないかと思います。感性がほぼ同じなのかもしれませんが、ある意味で、本人の意見にかなり近いものでしょう。したがって、日本からすれば、「彼の本音を知れる」というチャンスかと思います。〝皮〟が厚くて通らない人もいるのですけどね。

そういう意味で、意見を聞いてみようと思います。あるいは、他の国についての意見もあるかもしれません。

それでは、さっそく始めたいと思います。

里村　よろしくお願いいたします。

大川隆法　ロシアの大統領であります、ウラジーミル・プーチン氏の守護霊を、幸福の科学 大悟館《たいごかん》にお呼びいたします。

昨夜、安倍首相との会談もあったそうですが、私のほうに言いたいことがあるということで来られましたので、その言いたいことをお聞きしたいと思います。

今日は三人ほど質問者を用意しておりますので、日本の政治家や官僚《かんりょう》、マスコミ、その他、一般《いっぱん》の国民に意見をお聞かせください。

また、翻訳《ほんやく》もされると思われますので、ロシアのみなさまがたや、アメリカのみなさん、中国の人たちなど、いろいろな方々に知ってもらえるチャンスかと思います。

どうか、幸福の科学 教祖殿《きょうそでん》に降りたまいて、忌憚《きたん》のないご意見を聞かせていただければ幸いです。

プーチン氏の守護霊、流れ入《い》る、流れ入る……。

プーチン氏の守護霊、流れ入る、流れ入る、流れ入る、流れ入る、流れ入る……。

（約十秒間の沈黙《ちんもく》）

2 「安倍《あべ》は基本戦略を間違《まちが》っとる」

「安倍《あべ》じゃ話にならない」と語るプーチン守護霊

プーチン守護霊　（両手で拳《こぶし》を握《にぎ》りながら）よっしゃ！

里村　プーチン大統領の守護霊様でいらっしゃいますでしょうか。

プーチン守護霊　そう。

うーん、（里村に）姿三四郎《すがたさんしろう》さんでいらっしゃいますか？（注。質問者の里村の家系には、姿三四郎のモデルの一人がおり、これまでの霊言《れいげん》の際にもそのことについて触《ふ》れていた。前掲《ぜんけい》『プーチン大統領の新・守護霊メッセージ』参照）

里村　いやいやいや（笑）。いつも気合いの入った登場のされ方をしていただきまして、まことにありがとうございます。

プーチン守護霊　おっしゃあ！（両手で拳を握る）

里村　はい！

プーチン守護霊　うん！

里村　先ほど、大川総裁より、事前にご説明がありましたとおり、昨日《さくじつ》（二〇一六年五月六日）、ソチのほうで安倍《あべ》総理と会われて、非常に力がみなぎっていらっしゃる感じがいたします。

プーチン守護霊　安倍なんかはね、何しに来たんだね？　ええ？　いやあ、大川隆法をよこせよなあ。いやいやいや、来ていただきたい。

里村　ええ（笑）。

プーチン守護霊　来ていただきたいわ。安倍じゃあ、もう話にならねえわ。

里村　ほお。

プーチン守護霊　もう要《い》らないわ！　もう、十三回も会って、もういい！　もういい！　あんな頭の悪いやつは、俺《おれ》はもういい。嫌《きら》いなんだよ、もう。話が分からないやつと何回会ったって、もう一緒《いっしょ》でしょうが。こんなの、何にも進みやしねえよ、もう。

里村　昨日の会談は、日本時間では遅《おそ》い時間から始まりましたが、その全貌《ぜんぼう》については、日本でもきちんと報道はされておりません。

プーチン守護霊　だけど、「ここまで飛んできた」ということを見たら、不満なのは分かるでしょう？　そのくらいは。ええ？

里村　はい。今日は、そのあたりのお話を最初にお伺《うかが》いしたいと思います。

いちおう、日本側の報道では、安倍総理のほうからシベリアの開発、あるいは原油や天然ガス等の開発、

ロシア南部のソチで会談するプーチン大統領と安倍首相。(2016年5月6日撮影)

それから産業振興《しんこう》、農業振興などについて、幾《いく》つか提案があったと報道されております。

プーチン守護霊　何のために提案したんだね。何のためになあ?　何のために提案したんだろうね?

私に年内、日本に来てもらいたいために、それを提案したのかね?　それだったらバカげてるな。うーん、バカげてる。用件はソチで言やあ、それで済むことだからさ。「用件を切り出せない」っていうところが、やっぱり、駄目《だめ》だわなあ。

里村　ええ。

プーチン守護霊　もうちょっと、ピシッと来ないと、それは駄目だな。

安倍《あべ》首相の対応への不満

里村　安倍《あべ》総理も日露《にちろ》の平和条約について、「新しいアプローチを提案した」というようなことを言っていましたけれども、まったく曖昧模糊《あいまいもこ》としております。

プーチン守護霊　だからね、教育のためにちょっと「指導」を与《あた》えて……、ああ、「指導」は分かるかな？　指導を与えておきたいと思うんだけどな。

里村　はい。ぜひ、お願いいたします。

プーチン守護霊　日本はサミットの議長国として、今月、七カ国を集めてだな、伊勢神宮《いせじんぐう》かどっか知らんが、伊勢志摩《いせしま》サミットか？　まあ、やるそうだけどもな。ロシアを外してな、やる。

●指導　柔道の試合において選手が禁止事項を犯した際、審判から受ける宣告。違反行為の程度に応じて、「指導」「注意」「警告」「反則負け」が告げられ、相手選手に得点が与えられる。

それで、(安倍首相は)イタリアへ行き、フランスへ行き、ドイツへ行き、連休を使ってな。

里村　はい。

プーチン守護霊　そして、ロシアのソチまで来てだな、それで、「私のご機嫌《きげん》伺いをして帰る」とのことだわな。

それでだな、「日露の平和条約を締結《ていけつ》したい」とかいう話だったら、もうちょっと、そら本格的な話だわな、ほんとはな。

里村　はい。

安倍晋三首相はロシア訪問の前に、フランス、イギリスなど欧州五カ国を歴訪し首脳会談を行った。写真は、共同記者会見で握手するドイツのメルケル首相(左)と安倍首相。(2016年5月4日撮影)

プーチン守護霊　こういう、ほかのところの根回し？　だから、「伊勢志摩サミットを成功させるための根回しにちょっと回って、ついでに（ロシアに）寄って帰る」みたいな、こういうのはね、そもそも戦略的に、なってないよ。「軽く見てる」としか思えないじゃないですか。

里村　なるほど。

プーチン守護霊　「どうせ進みやしねえ」と思ってさあ、挨拶《あいさつ》に来てるぐらいにしか、やっぱり、取れないよなあ。そう思わないか？

里村　うーん。

プーチン守護霊　ええ？　それは「もっと大きいこと」でしょう。だから、先の戦争は、まだ「終結してない」んだからさあ。ロシアとは本当の意味ではな。つまり、〝止まってる〟だけであってなあ。

里村　ええ。

プーチン守護霊　（日本は）アメリカとだけ条約を結んだんだからさ、〝終わってない〟んだよ。だからさ、そんな態度でいいわけ？　この国際情勢で。見えてるのかな？

ヨーロッパ歴訪後の会談についてどう思っているのか

里村　やはり、そもそもの大前提から外れて、「ほかの国を歴訪したあとにロシアに来る」というあたりのご不満がおありなわけですね。

●アメリカとだけ条約を……　1951年、サンフランシスコ平和条約によって、日本とアメリカなどの連合国諸国との戦争状態は終結した。しかし、ソ連は、この平和条約には調印していない。1956年、日ソ共同宣言によって日本との国交は回復させたものの、北方領土問題は先送りにされ、現在に至るまで日ロ二国間の平和条約は未締結である。

プーチン守護霊　最初に来いよなあ、まず。

里村　最初に。

プーチン守護霊　当たり前だよ。そのあとにほかのところを回りゃあさ、ロシアに対する敬意は分かるし。

本来ね、「ロシアと平和条約を締結《ていけつ》したい」って言うんだったらね、俺はもう、そら、大統領だからね。だから、締結するなら締結するで、即《そく》、〝Done《ダン》〟（交渉《こうしょう》成立）だよ。そんなもんは一時間もかからないよ。

里村　ほお。

プーチン守護霊　決められますよ。俺は決められるがね、安倍は決められないからね。

「じゃあ、やろうか」と言ったら、もう一回根回しが要るんだろう？　日本に帰って、各党と、国会と、外務省と、いろいろなところで根回しをフニャフニャフニャフニャして、経済協力ができるようなところからいっぱい詰《つ》めて、それで、「いいよいよ、しようか」っていうときには、もう代わってるんだろう？　首相は交代してるんだよな。

これ、いつものことだからさ。話になんねえんだよ。トップダウンっていうか、トップ交渉ができないからな、最初からな。

里村　ああ。

議長国である日本は、「伊勢志摩《いせしま》サミット」にロシアを呼ぶべき

プーチン守護霊　だいたいね、平和条約を結びたいんだったらさ、（日本は）議長国なんだからね、サミットの。だから、例外としてね。ほかのEUがクリミア問題でさあ、「ロシアは外したい」って言うのは分かるけどさ。「まあ、まあ、そうは言わずに。ほかのところでは、それでもいいかもしれませんけど、ここは日本ですので。議長国が日本で、日本で開催《かいさい》ですので」と。

日本で開催する以上、議長国のですな、権限を持って、やっぱり、ロシアは「G《ジー》8《エイト》」にはしないにしてもだね、少なくとも、「重要なゲストとして、お迎《むか》えしたい」と。お迎えしてだね、また、G7《ジーセブン》での会合以外の、別室での特別会談みたいなチャンスを設《もう》けて、メンツをちゃんと立てないとだな。

そらあ、安倍は基本戦略を間違《まちが》っとるよ。

●G7とG8　G7とは、日本、アメリカ、イギリス、フランス、ドイツ、イタリア、カナダの7つの先進国のこと。1998年にロシアが加わりG8となったが、ウクライナ情勢を受けて資格停止となり、2014年以降はG7となっている。

里村　うーん。

プーチン守護霊　こんな扱《あつか》いされて、Ｇ７から外されといてさ、「ちょっとご挨拶だけ」みたいなのでさあ。それでね、「資源開発に協力する」だなんだの言って、その程度で〝釣《つ》れる〟と思うとるのか。

里村　うーん。

プーチン守護霊　ハッ！

日露《にちろ》首脳会談でプーチン大統領が一時間遅《おく》れた理由とは

里村　昨日の安倍総理との会談は、一時間遅《おく》れて始まりましたけれども、これは、当然、「たまたま前の会談が遅れた」というようなことではなくて、やはり、そうしたご不満を、大統領が態度でお示しになったと理解してよろしいのでしょうか。

プーチン守護霊 「何しに来たんだ?」っていうことだよな。だから、「一時間遅らす」っていうことはな、「用件だけ言って帰れよ」っていうことさ。

里村 これは、柔道《じゅうどう》にたとえたら、試合が始まる前からもう、そもそも結果は見えていたということですね。

プーチン守護霊 どうせ、「一本決められない」のは分かってるからさ。最初から分かってんだ。もう、柔道の試合でさ、取っ組み合いして、足の掛《か》け合いだけしてるやつとかさ、寝技《ねわざ》で延々と続いて決まらないやつとか、ほんとにもう見苦しくて見てられないわな。

やっぱりね、「立ち技一本」だよなあ。パーンッと投げ飛ばさないと駄目だからさ。

それを周りからゴチョゴチョ、ゴチョゴチョ、ちっちゃいので攻《せ》めてくるからさ、バカらしくてね。もうやってられねえ。

来ないよりは来たほうがましなんかもしらんけど、来てさ、どうせジレンマにまた入るんだよな。「ロシアに挨拶した」ということで、また、オバマだとかさ、EUの連中からさ、「何しにわざわざロシアへ行ったんだ？」って伊勢志摩《いせしま》でグチュグチュやられるんだろ？　そして、また後退するんだろ？

だから、安倍との約束なんか全然、信用できないわけよ。どうせな。フッ（笑）。

「日本で信用できるのは大川隆法ただ一人だ」

大川裕太　昨日の会談のテーマとしては、まず安全保障について語るべきだったところが、安倍首相から出てきたのは、「平均寿命《じゅみょう》が短い」といったロシアの医療《いりょう》問題の解決や、経済連携《れんけい》といった、裏から裏から回ってくる内容が多かったのではないかと思います。

また、「アメリカのメンツを立てる」ということもあり、日本はロシアに対して、安全保障の話を真剣《しんけん》に打ち出せないでいるわけですが、プーチン大統領は、本当はどのような後押《あとお》しをしたかったとお思いですか。

プーチン守護霊　オバマはさあ、もう駄目だし、頭悪いじゃん？　見切ったほうがいいのよ。

やっぱり、もうトランプね。次は、トランプとの交渉に入らなきゃいけないからさ。

トランプだと、安倍じゃあ、あれは話にならないよ、たぶん。即断即決できないと、ビジネスマンは忙《いそが》しいんでね。答えが出ないのに、「ただ、懇親《こんしん》のために会う」なんて、トランプはやらないよ。会ったら、即、答えを出さなければ。

だからね、そういう人だから。もう出てるでしょう？「全額、米軍の駐留費《ちゅうりゅうひ》を出さなかったら、引き揚《あ》げるぞ」と。これ、大統領になってもいないのに、そこまでもう言うてるぐらいの人だからさ。

里村　はい。

プーチン守護霊　こういうのを相手にしなきゃいけないんだから、安倍じゃもたないよ、たぶんな。

俺も同じだよ。そんな、「全権」を持ってるんだからさ、即断できるんだよね。その相手にさあ、いったい何人と根回ししなきゃ結論が出せない人と会わなきゃいけないのかね。

だからもう、やってられないっていうかさあ。私はもう、日本で信用できるのは大川隆法ただ一人だ。

ドナルド・トランプ氏は、アメリカ大統領選における共和党候補の指名獲得を確実にしている。(2016年5月3日撮影)

里村　はあ。

プーチン守護霊　うん、ここは信用できるわ。言うことは一貫《いっかん》してるし、〝終身制〟だもんな。

里村　うーん。

プーチン守護霊　だからさ、いや、ここと約束しとりゃあさ、実現するんだ。

里村　昨日（二〇一六年五月六日）も、北朝鮮《きたちょうせん》の金日成《キムイルソン》主席の霊が、「ここ（幸福の科学）が世界の中心だ」と言って、自分の意見を発信してほしくて、こちらに来たばかりです（笑）（前掲『北朝鮮　崩壊《ほうかい》へのカウントダウン　初代国家主席・金日成の霊言』参照)。

プーチン守護霊　ああ、そうだよ。そのとおり。そのとおりだよ。ＣＮＮを抜《ぬ》いたんだよ。ここから発信されるものが、世界に行くんだ。

里村　ほうほう。

3　日本はロシアとの友好を失ってよいのか？

ウクライナ問題で欧米《おうべい》に追随《ついずい》した安倍《あべ》首相への批判

里村　先ほど、裕太さんからも質問がありましたけれども、大統領としては、例えば、「もっと、こんな〝技《わざ》〟をかけてきてほしかった」など、そういうことがありましたら……。

大川裕太　今日、こちらにいらっしゃる前、一度、大悟館《たいごかん》のほうに（プーチン守護霊が）来られたときには、「私からではなくて、安倍《あべ》（首相）から持ってこい」というようなことをおっしゃっていたと思います（『天御中主神《あめのみなかぬしのかみ》霊《れい》指導　宗教政治学入門』〔幸福実現党刊〕参照）。

プーチン守護霊　そうだよ。それは、そうなんだけどさ。だから、「平和条約」なんだろうとは思うけどさ。ただね、(ロシアが)ウクライナで揉《も》めてるときにねえ、(安倍首相は)欧米《おうべい》にスッと追随《ついずい》しちゃったじゃない。ね?

里村　はい。

プーチン守護霊　「過去、何度も会ったのは、いったい何だったんだ?」っていうか、あれで帳消しになっちゃってるからさあ。やっぱり気分悪いわなあ。

里村　ああ。

プーチン守護霊　〝無効試合〟をやったっていうことに対してはさ、かなり気分悪いから。それは、そうとう考え直してもらわないかんし。首相をやってるメドベージェフなんかはな、あいつは日本に対して、そんなに有利な考え方をするとは、必ずしも思えないので。

里村　ええ。

プーチン守護霊　やっぱり、私のときに決めなければ駄目《だめ》だと思う。「それを分かってるのかなあ？」っていう。〝Done《ダン》〟しなければ駄目なんだから。

私は、「(いったん)首相になってから、もう一回大統領になって、さらに三期目の大統領に返り咲《ざ》く」っていう、こういう奇手《きしゅ》を使ってまでやってるんでね。

もう一期やれるから、まだ私でやれますけど。私がやってる間に、日本との改善をやってのけなかったら、これ間に合わないよ。

里村　なるほど。

プーチン守護霊　何人も何人も総理大臣が代わって来られたって、それはもう無理だからね。もうそろそろ腹を決めないと駄目だよ。

里村　「もう、その時が来ている」ということ、この「時」が、まず分かっていないということですね？

プーチン守護霊　うん。「ウクライナのところで、グチャグチャ揺《ゆ》れたんだから、じゃあ、もういいな」っていうぐらいの感じだよ、こっちの感じじゃさ。その程度で……、じゃあ、俺《おれ》は、どんな条約が結べて、あと、どんな協力が可能なんだよ？

どうせ、経済協力だ何だと言ったって、オバマなんかが一言《ひとこと》、「制裁」とか言ったら、それで止まるんだろう？

そんなんじゃあ、相手にならないじゃないか、交渉《こうしょう》相手として。独立してなきゃ、国として。インディペンデントでなきゃ話にならねんだよ。

「日本が理解を示してくれれば、ロシアは孤立《こりつ》せずに済んだ」

里村　二年前の霊言《れいげん》に比べますと、「安倍総理に対する失望」というものが、そうとう強うございます。

プーチン守護霊　失望してるよ。失望してるよ。何のために何回も会ったんかね。ええ？

幸福の科学から、私の霊言集を出してくれてさ、こうやって根回ししてくれて、ちゃんと情報を与《あた》えてくれて、「こういうふうにやれ」と言ってくれて、ここまでお膳立《ぜんだ》てしてて。まあ、（安倍首相は）それがあって来てるんだろうけど。

だけど、こいつ（安倍首相）は、他人《ひと》の褌《ふんどし》で相撲《すもう》を取る癖《くせ》があるわな。自分で相撲を取っとらんでな。

あれは〝反則〟なんだよ。いや、柔道《じゅうどう》だって、帯を垂らして前をバラッと開けて、これで〝あれ〟したってさ。だって、摑《つか》みようがないからさあ。全然、試合にならんから、これはちゃんと締《し》め直してもらわないと駄目なんだよ。

大川裕太　日本は、特段、ウクライナに利害関係はありませんし。

プーチン守護霊　ないでしょう？　全然、ないじゃない。だから、中立でいいじゃないの。ねえ？　「（ロシアの）判断にお任せします」と言っときゃいいんだ、日本は特には何もないんだから。こちらは、ヨーロッパとかと利害関係があるんだからさあ、はっきりと。

大川裕太　はい。

プーチン守護霊　だから、知らぬことは言っちゃいけないし。アメリカだって、ほんと、すごい疎《うと》いんだから、ウクライナ問題なんかさ。

大川裕太　そうですね。

プーチン守護霊　クリミアな。クリミアのやつをね？

里村　はい。

プーチン守護霊　（クリミアには）ロシア人が八十パーセントもいるんだからさあ。

モスクワの「赤の広場」にて、クリミア半島のロシア編入を祝う集会でスピーチするプーチン大統領。（2014年3月18日撮影）

「邦人《ほうじん》保護」なんだ。これは、君らで言えばさ、「邦人保護をしなきゃいけないから」ということだよ。軍も動かしましたけどね、それは当たり前でしょう？　そうしないと、弾圧《だんあつ》されたり虐殺《ぎゃくさつ》されたりする可能性だってあるんだからさ。それは速攻《そっこう》でやらなきゃいけないんで。

あなた、それをもって独裁者みたいに言うのはね、マスコミ的にはおかしいよ、報道が。邦人の保護は迅《じん》速《そく》でなかったらね……、地震《じしん》と同じだよ。みんな〝圧死〟するからね。あっという間に殺されちゃうからね。逮捕《たいほ》されたりするからね。これは、迅速にやらないかんので。

そういうことが分からないんだったら、意見を勝手に言わないでくださいよ、多数決みたいな感じでね。

ロシアにクリミア半島を編入する条約の関連法に署名するプーチン大統領（中央）。（2014 年 3 月 21 日撮影）

少なくとも、日本が理解を示してくれれば、ロシアはこんなに孤立《こりつ》しないで済んだんだからさ。

里村　確かに、そうでございますね。

中国の軍事パレードに参加した「本当の理由」とは

里村　つい先日のことですけれども、「プーチン大統領が、『北方領土の土地を、ロシア国民へ無償譲渡《むしょうじょうと》する』という文書にサインをした」という報道が、少し流れておりました。

プーチン守護霊　うん。

里村　こういうあたりも、「早くしないと、手遅《ておく》れになっちゃうよ」という、大統領のサインと見てよろしいでしょうか。

プーチン守護霊　（メドベージェフ）首相のほうもね、北方四島のほうへ行って……。

里村　はい、視察に行っています。

プーチン守護霊　軍事施設《しせつ》をつくるだの言うて、揺さぶりをかけてるしさ。私だって、中国共産党の軍事パレードのときに、わざわざ出ましたけど。別に行きたいわけじゃないけど、（日本が）優柔不断なことをしてるからさ。

中国が脅威《きょうい》なんだろう？

北方領土の択捉島《えとろふとう》を視察するロシアのメドベージェフ首相（左）。（2015年8月22日撮影）

里村　はい。

プーチン守護霊　これに、何か対応しなきゃいけないのだろう？

里村　ええ。

プーチン守護霊　だから、「ロシアに中国と組んでほしいのか？」っていう意思表示をしているわけで。

里村　ええ、ええ。

プーチン守護霊　やっぱり、〝速攻〟でやらないといけないんだよ、これはね。だって、（ロシアが）ＥＵとアメリカと日本、全部に見放されたら、それはしょうがないでしょう、中国とでも結ばなね。世界のなかで孤立するのはいかんですからね。

里村　はい。

市川　やはり、中国の軍事パレードには、あまり行きたくなかったけれども、警告として行ったという……。

プーチン守護霊　別に、行きたいわけじゃないけどさ、ＰＲよ。「まだ、ほかに道もあるんだよ」っていうことさ。

「北方四島の返還《へんかん》なんて、本気だと思ってないから」

里村　では仮に、安倍総理が、まずロシアから訪問して、さらに、「平和条約に向けて、大きく踏《ふ》み込《こ》むのだ」という構えを示していたならば、大統領としては、北方領土問題についても今回、何か言及《げんきゅう》される可能性はあったのでしょうか。

プーチン守護霊　ちょっと関係は少し悪うなったわな、前よりな。

里村　ああ。

プーチン守護霊　日本国内で、例えば、「ロシアとの平和条約の締結《ていけつ》」とか、頭が全然、回ってないでしょう？　それを言ってるのは幸福の科学だけで。

里村　そうなんです。

プーチン守護霊　ほかのマスコミなんて、まったく、なーんにも考えてない。

里村　ロシアに関して、日本のマスコミは右も左も、どちらかというと否定的な扱《あつか》いで……。

プーチン守護霊　どうでもいいんだろ？

里村　いや、どうでもいいということはないのですけれども。

プーチン守護霊　はっきり言えば、「報道しない」っていうことは、「関心がない」ということで、「どうでもいい」っていうことだから。「北方四島の返還《へんかん》」だとか（日本が）言ったって、こっちも本気だと思ってないから。これは、（ロシアと）付き合いたくないための理由で言ってるように、こっちからは見えるわけよ。

里村　うーん。

プーチン守護霊　ロシアとそんなに濃厚《のうこう》な関係を持ちたくないための言い訳として、北方四島の話ばっかりしているように見えるわけよ。

大川裕太　ただ、オバマさん、あるいは、メルケルさん、こういった人たちは、はっきり言えば、親日ではないですよね。反日的で、特にメルケルさんは親中です。

プーチン守護霊　うん。そうだね。

大川裕太　各国の首脳のなかでは、プーチンさんが、いちばん親日でいらっしゃるのではないかと、個人的には思うのですけれども。

プーチン守護霊　そう、そう。

大川裕太　この国際情勢を理解しないまま、欧米に、ただへつらって腰《こし》を低くして……。

プーチン守護霊　追随《ついずい》したんだろう？

大川裕太　はい。

プーチン守護霊　サミットのなかにいなきゃいけないからね。そういうことだ。それで、ロシアを外すということまでやってるわけですから。（日本は）議長国ですからね。

これはね、先行きは「ぎくしゃく」しますよ。

4　日本の政治に足りないのは「ディシジョンメーカー」

「政治家は、ディシジョンメーカーであれ」

里村　どうも、大統領の守護霊様の言葉をお伺《うかが》いしていますと、単に、ロシアが外されていることに対する怒《いか》りだけではなくて、「日本のためにも、まったくならないぞ」という立場からの発言のように感じられます。

プーチン守護霊　日本の政治に対する落胆《らくたん》だね。あまりにもレベルが低いのでさ。もうちょっと頭のあるのはいねえのか、と。

里村　今、安倍《あべ》総理の欠点を幾《いく》つか挙げていただきましたけれども、ぜひ、「日本の政治そのもの」についても、「こういうところが悪い」「こうすべきだ」というところを、幾つか教えていただけたらと思います。

プーチン守護霊　いやあ、当選回数で決めるのもあるかもしらんけども。何て言うのかな、票を集めるのばっかりやってる政治家が多くて、自分のオピニオンで戦う政治家がいないでしょ？

里村　ええ。

プーチン守護霊　これは駄目《だめ》だよな。やっぱり、オピニオンをはっきりして戦わないと、駄目ですよ。

だから、この制度な。議院内閣制か何か知らんけどさ、本当の意味でのオピニオンを持って、国を引っ張っていく人がトップになれないシステムなんじゃないか、これ。要するに、票集めに有利なような人を選ぶように、必ずなってる。

里村　確かに。

プーチン守護霊　俳優でも何でもいいんだろう？　そんなような人でも構わないんで、票が集まればいいし。あるいは、金集めのうまい人がなったりするけど。まあ、そういうことも大事だけどね。票集めも、金集めも、誰《だれ》かがしなきゃいけないけど。

ただ、やっぱりね、（政治家は）「ディシジョンメーカー（意思決定者）」でなきゃいけないわけよ。「決断し、実行できる人」がトップでなきゃいけないんで、そういう基準で選ばないと。

そういう基準で選ばれてないでしょ？

里村　ええ。

プーチン守護霊　例えば、トランプみたいな人だったら、日本なんかでは総理になれないでしょ？　これ。まずなれない。

里村　なれないでしょうね。

プーチン守護霊　〝一匹狼《いっぴきおおかみ》〟の議員で。せいぜい石原慎太郎《いしはらしんたろう》程度でしょう。そんなもんでしょうけど。

里村　あとは、元大阪《おおさか》市長などでしょうか。そういうレベルの。

プーチン守護霊　うん、そうそう。あんな感じでしょうね。

日本では、あんまり意見を言わないで、何となく周りをまとめたりするような人とか、「気配《きくば》り」「金配り」がある人が上がってくるんだけどさ。

里村　ええ。

プーチン守護霊　それと、やっぱり、「オピニオンに対して感度が悪い」よな。君らも、政党をつくってやってるようだけど、その政党が言ってることへの、マスコミの感度がすっごく悪いわね。マスコミの感度が悪いし、国民の感度も悪いわな、同じくな。

だから、「誰が勝ちそうか」だけでやってる、競馬《けいば》みたいな感じだなあ。

里村　はああ。

プーチン守護霊　（日本の）選挙って、競馬だな。

里村　ほとんど競馬の予想と同じで……（笑）。

プーチン守護霊　うん。競馬の予想で、勝ち馬にいっぱい金を投じるみたいな感じでやってるような感じかな。

里村　特に、近年は、肝心《かんじん》のことを言わずに、本当に票を集めるためだけの、そういう選挙、政治になっています。

プーチン守護霊　駄目だね。まったく話にならないね。

「沖縄《おきなわ》問題も解決できないようでは、話にならない」

プーチン守護霊　安倍さんは、ちょっとはましかと思って付き合ってはいたんだけども、沖縄《おきなわ》問題を見てもね、「やっぱり、全然、駄目だな」っていうのは、よく分かるね。

里村　ほお、ほお。

プーチン守護霊　前の民主党政権、今の民進党か？　それと比べて、特に大きな差はないよな。

沖縄ぐらい解決できないようじゃ、話にならないな、あの程度。自分の国内でしょう？　「国内問題」でしょう？　で、「首相 対 知事」でしょう？　これで

翁《お》長《なが》知事が目指す沖縄の未来を聞いた『沖縄の論理は正しいのか？──翁長知事へのスピリチュアル・インタビュー──』（幸福の科学出版刊）。

解決できないんじゃねえ、信用されませんよ、国際的に。

里村　裁判も、最後はあっさりと和解してしまいました。

プーチン守護霊　アメリカからも信用されませんよ、こんなのね。（米軍基地の）「辺野古《へのこ》移転」って決めたんでしょう？　それをやってのけられなかったら、アメリカだって、もう信用しませんよ。

里村　確かに。

プーチン守護霊　だから、（トランプ氏が）「引き揚《あ》げるぞ」とか言うし、「全額、負担しろ」とか言って、揺《ゆ》さぶってきてるんだよ、早くも。大統領になってもない人が揺さぶってるので。

それで、日本のマスコミは右往左往《うおうさおう》だろう？

里村　もう大騒《おおさわ》ぎです。

プーチン守護霊　「この程度の人物と外交の交渉《こうしょう》はできない」って言ってるわけですよ。

里村　はあ。

プーチン守護霊　だって、信用できないじゃない。首相とやったって、「いや、実は、知事が反対なもんで、できません」って。あるいは、「知事じゃなくて、知事を応援《おうえん》している市民が活動しているために、やれません」って。

こういうのはね、ロシアみたいなところをやってる人から見たら、バカバカしくてやってられないわけですよ。「ほう、そうですか。それだったら、機動隊を投入する」とかね。自衛隊の特殊《とくしゅ》部隊を投入してでも、反対派を全部一掃《いっそう》して、〝ブタ箱〟に放り込《こ》むんだよ。

里村　（苦笑）

プーチン守護霊　当たり前じゃないか。そうでなければ、みんな網《あみ》ですくって、そのあとオスプレイでぶら下げて、尖閣《せんかく》に降ろすんだよ。あそこはサメの海で、泳いで帰れないから。「ときどき、缶詰《かんづめ》を上から落としてやるから」って言って、そこに隔離《かくり》しときゃいいんだよ。そこがプリズン（刑務所《けいむしょ》）だから。

里村　ああ、なるほど。

もしプーチンが日本の総理なら、沖縄《おきなわ》県知事をどうするか

市川　今、市町村レベルにも補助金を出して、それで県のほうに揺さぶりをかけようという動きもありますけれども。

プーチン守護霊　「弱い」というかなあ。やっぱり、基本的には「オピニオン」だな。要するに、「考えがない」んだ。自分の考えがあって、もちろん意見がぶつかることもあるから、そういうときは話をして。

あとは、トップがディシジョンメーカーとして、バシッといったん決めたら、国民はそれに従《したが》うと。これが当たり前の姿であって、大統領であろうが、首相であろうが、そうでなかったら国はもちませんよ。

「国としての基本的なあり方」っていうものをね、マスコミも国民も分かってない。

里村　うん、うん。

プーチン守護霊　だからねえ、やっぱり、「民主主義」っていってもね、それはいいんだけどね。民主主義って、いろんな意見があっていいんだけどね。だけど、いざ決まったら、それに従わなきゃいけないんだよ。

里村　ええ。

プーチン守護霊　決める人、ディシジョンメーカーは、選ばれてそうなってるのなら、その人が決めたとおりにやらないといけないわけで。一知事が反乱を起こして、地元のマスコミを味方にしてね、それから、中国あたりからの外交的な揺さぶりにやられて国家を揺さぶって、外交を崩《くず》すみたいなの？　こんなのをやらせたら、国家の信用は、もう丸潰《まるつぶ》れですよ。だから、絶対、許しちゃならないですよ。

里村　はああ。「ディシジョンメーカー」という言葉すらも、最近、日本の政治やマスコミでは、あまり出てこなくなりました。

プーチン守護霊　だから、知事の身柄《みがら》を拘束《こうそく》しなきゃいけないですよ。

里村　拘束ですか。

プーチン守護霊　当たり前ですよ！　〝国家反乱罪〟ですから。身柄を拘束しなきゃ駄目ですよ。

里村　もし、プーチン大統領が、日本の総理の立場であったら、沖縄《おきなわ》県知事をどうされますか。

プーチン守護霊　逮捕《たいほ》です。

里村　逮捕ですか（笑）。

プーチン守護霊　当ったり前ですよ。ほかにはありませんよ。でなければ、銃殺《じゅうさつ》ですよ。

里村　銃殺……（苦笑）。

プーチン守護霊　うん。あんなに長く引っ張って、二つの政党を手玉に取ってるなんていうのは、知事には許しがたいことですよ。

里村　ええ。

プーチン守護霊　あとは、この知事を辞《や》めさせなかったら、税金を倍額にするよ。続けたら、毎年、税金が上がっていくようにシステムを組んでやるよ。

「官僚《かんりょう》制の問題」を解決するために必要なものとは

大川裕太　海外の方がよくおっしゃるのは、「日本の官僚《かんりょう》が、すごく嫌《きら》いだ」と。

プーチン守護霊　嫌いだねえ（笑）。ロシアも似たようなところはあるけどね。

大川裕太　例えば、キッシンジャーさんや、以前、世界銀行の総裁をされていたゼーリックさんなどは、もとは親日《しんにち》の方でした。

ただ、日本の官僚は、「権力があるうちは、その人と仲良くして、すごくおだてるけれども、権力を失ったと思ったら、いきなりサーッと引いていく。一気に冷たくしていく」、あるいは、「親日家ということで、自分の都合《つごう》のいいことだけをしゃべらせようとして、非常に薄汚《うすぎたな》い手を使ってくる」、しかも、「基本的に彼ら自身では責任を取らない」ということで……。

プーチン守護霊　はああ……。いやあ、「官僚制の問題」は、どこも抱《かか》えてる問題だから（笑）、全部は言いにくいんだけどさ。

私にも経験がないわけではないから、官僚のいやらしさっていうか、陰湿《いんしつ》さっていうのはよく分かってるけど。

官僚は陰湿なものだけど、上手に利用しなきゃいけないんでね。いちおう、利用するところはしなきゃいけないんだけど、彼らはディシジョンメーカーではないんだよ。

里村　はい。

プーチン守護霊　それは政治家でなきゃいけないので。だから、政治家が決めたことについては守らせて、やらせなきゃいけない。

そこがしっかりしておれば、別に、官僚がどうこうっていうことはないんだけどね。

つまり、「(日本は) 政治家のほうが決められない」と思って、官僚のほうと交渉しようとするわけよ、外国のいろんな人たちは。「官僚と交渉したらできる」、「権力を持っている」と思うからやるけど、実は、権力があるようでないんだよな。

例えば、次官だ局長だといっても、権力を持ってるかっていうと、持っていなくて、実際に決めてるのは、下のほうの課長とか、課長補佐《ほさ》とか、課長代理とか、よう知らんけども、そのあたりが決めててね。

里村　はい。

プーチン守護霊　だけど、そことは交渉できないんだよ。交渉するのは上だけど、上は権限を持ってない。「自分らはつくってない」みたいな、こういう訳の分からない組織になってる。

そして、そのもっと上の政治家のほうへ行くとどうかっていったら、「ああ、聞いてなかった」と、こう来るわけで。

里村　ええ。

プーチン守護霊　いや、これは、どうにかせないかんですわな。トップにもっと強い力を与《あた》えて、改革をザーッとやらないといかんわね。進まないなら進まないで、

「止めてるところ」をえぐり取って、外科《げか》手術しないといかんわね。

里村　はい。

プーチン守護霊　「官僚制の問題」は、アメリカにもあるし、ロシアにもあるし、EUにも当然あるから言えないけど、とにかく、「責任回避《かいひ》」と「セクショナリズム」は、すごく強いからね。

ただ、政治家がリーダーシップを取っとれば、何とか乗り切れないわけではない問題なんですよ。

「日本の外務大臣・外務省は、まったく話にならない」

里村　そうすると、先ほどから、日本の政治の意思決定の不足というか、空白が……。

プーチン守護霊　だから、「（日露《にちろ》）平和条約だ」「日露の友好だ」何だ言ったって、「それを本当に責任を持って判断するのは、いったい誰なんだ」っていうところだよな。誰を信用したらいいんだよ？

大川裕太　岸田《きしだ》（文雄《ふみお》）外務大臣もいらっしゃいますけれども……。

プーチン守護霊　ああ、もう、まったく話にならない。

大川裕太　そうですか。

里村　（笑）

プーチン守護霊　もう、まったくお飾《かざ》りですね。どうして、こういう人が偉《えら》くなるのか、さっぱり分からない。

大川裕太　人が好《い》い方ですけれども……。

プーチン守護霊　いや、「人が好い」というのは、日本語ではいい意味なのかもしれんけど、ロシア語では、そういうのは「バカ」と言うんであってね。

大川裕太・里村　（苦笑）

プーチン守護霊　あのね、「人が好い」とは言わないんですよ。

里村　ほお、ほお、ほお。

プーチン守護霊　いや、交渉しなきゃいけないから、あまり言っちゃいけないが。

大川裕太　韓国《かんこく》なども、あんなに優《やさ》しく接して、何も……。

プーチン守護霊　バカか。もうバカバカしくて（苦笑）。やっぱり、もう少し強くないと駄目ですね。ガシッと言うべきことを言わないと。

大川裕太・里村　うーん。

プーチン守護霊　特に、北朝鮮《きたちょうせん》への一月からのあの対応は、見てたけど、日本の外務省は駄目だね。もうまったく話にならないね。

5 プーチン守護霊は世界の指導者をどう見ているか

北朝鮮《きたちょうせん》の「労働党大会」にミサイルをぶち込《こ》めばいい!?

里村　私も、まさに今、そこをお伺《うかが》いしようと思っていました。いかがでしょうか、日本の北朝鮮《きたちょうせん》への対応は。

プーチン守護霊　まったく話にならない。なってないですよ。あのね、「なめとるのか」ということを、やっぱり、きちんと見せないといかんですよ。

里村　はい。

プーチン守護霊　毅然《きぜん》たる態度を示さない、いかんじゃない。「国際社会との協調の上に経済制裁する」なんて、そんなものは、「全然、効いてない」ということを、(北朝鮮は)テレビで見せてるわけなんでしょう?

里村　ええ。昨日《きのう》も金日成《キムイルソン》の霊《れい》は、「平壌《ピョンヤン》にタクシーが増えている」(苦笑)と言っていました(前掲《ぜんけい》『北朝鮮　崩壊《ほうかい》へのカウントダウン　初代国家主席・金日成の霊《れい》言《げん》』参照)。

プーチン守護霊　うーん、だからね、せっかく、あなた、党大会で三十六年ぶりに集まってるんでしょう?

里村　はい。

プーチン守護霊　党の何だか知らんけど。本当にそういう議員がいるのかどうか、私は知らんけどね。

里村　はい（笑）。

プーチン守護霊　〝村長さん〟が出てきているのかどうかは、よく分からんけどさ（笑）。誰《だれ》が出てるのか知らんけど、「三十六年ぶりにやる」っていうのは、集まると、本当は具合の悪いことがあるんだろ。

里村　ああ……。

プーチン守護霊　一挙に集めると、何か悪いことをされる可能性があるから、集まらなかったんじゃないの？

だから、なめ切っているわけよ。何百人か知らんけど集まって、〝村長さん〟だか〝町長さん〟だか知らんが、そういう「議員」と称《しょう》する人が集まって、三十六年ぶりに大会をやってるんだろう?

里村　はい。

プーチン守護霊　そこに、あなた、それはアメリカがミサイルをぶち込《こ》んだらいいんだよ。そんなの皆殺《みなごろ》しだよ。それで終わりだよ。

その程度の怖《こわ》さがなかったらね……。「大国を、そんな小国と一緒《いっしょ》にするなよ」というぐらいの感じがなかったらいけないわね。

もう、それはね、それこそ空母を沖合《おきあい》に出して、「発

北朝鮮の平壌に到着した労働党大会の参加者。
(2016年5月2日撮影)

射一時間前」とか言って、脅《おど》してやればいいのさあ。アッハッハ（笑）。
「日本は、日本海で独自に『軍事演習』をやったらいい」

里村　それは、アメリカがそうするべきだと……。

プーチン守護霊　いやあ、本当はね……。

里村　日本？

プーチン守護霊　日本がやらなきゃいけないんだけどね。

里村　ええ。

プーチン守護霊　本当は日本がね。だけど、今の日本は、まだ十年かかるかもしれないから（笑）。

だけど、アメリカでも、あのオバマは駄目《だめ》だわ。もうオバマは逃《に》げるしかないので。「ノーベル賞を、もう一個ぐらいもらえないか」と思ってるぐらいのことだろうけどさ。

里村　ええ、ええ。

プーチン守護霊　日本も、ちょっと……。米韓《べいかん》が合同（軍事）演習をやって、日本は参加できないで……。（安保《あんぽ》関連の）法案は通って、参加もできないで、指をくわえて待ってるのか。

はーん。まあ、お笑いだね。いや、合同でやらないんなら、独自に勝手に動いたらいいわけで。日本海で独自に演習をやったらいいんですよ。

里村　ああ、独自にですね？

プーチン守護霊　うーん。独自に演習をやったらいいわけですよ（笑）。米韓がやっているときにね。

里村　ええ。

プーチン守護霊　米韓が、韓国の海岸線で上陸訓練をやっとるんだろう？　日本は（自衛隊を）日本海に展開して、その周りをみんなで行ったり来たりして、演習すればいいわけですよ。ヘリコプターが発着すりゃあいい。もう上がったり下がったりしながら、離着陸《りちゃくりく》をやればいいわけですよ。

里村　はい、はい、はい。

プーチン守護霊　やったらいいんじゃないの。だけど、何もせんのだよ。

里村　何もしないですね。

もしプーチンが日本の総理大臣だったら、金正恩《キムジョンウン》はどうなる？

市川　北朝鮮の金正恩《キムジョンウン》は、そういう意味では、リーダーシップのあるディシジョンメーカーですけれども、最近の彼のある意味での「成長」と「今後」については、どのような感じで見ていらっしゃいますでしょうか。

プーチン守護霊　私が日本の総理大臣だったら、彼の命はもうないよ。

里村　（苦笑）

プーチン守護霊　あるわけないじゃない。

里村　おお……。

プーチン守護霊　あんなことをして……（笑）。あなた、（彼は）一月から水爆《すいばく》実験をやったあと、ミサイルを撃《う》って撃ってしてるでしょう？

里村　はい。

プーチン守護霊　絶対に許しませんよ。それは、もう〝終わって〟るよ（笑）。彼は、あの世へ還《かえ》ってるよ。あの世へ還ってるかどうか知らんけどさ、この世にへばりついとるかもしらんが。彼の命は、もうないね。

里村　はあ……。

プーチン守護霊　だけど、それを「独裁者」と言うのなら、言ってくれても結構だけども、やっぱり、「害虫」は駆除《くじょ》せにゃいかんですわね。

里村　害虫は……。

プーチン守護霊　「害虫」っていう判断を、ちゃんと下《くだ》さなきゃいけない。

里村　はい。

プーチン守護霊　まず、「害虫だ」っていう判断が下りてないから、もう延々と進まない。「害虫」と指定せないかん。

次は、「駆除」です。駆除の方法の選択《せんたく》ですね。それで、どうするかを決める。

「こんなの独立国家じゃないよ。あそこまでコケにされて」

大川裕太　日本人の政治家は、常に、諸外国にいい顔をして媚《こ》びへつらう一方で、いちばん恐《おそ》れているものは日本のマスコミなのではないかと言われています。

こうした日本の社会について、どう思われますか。

プーチン守護霊　いや、あんたの言う「いい顔」というのは、〝悪い顔〟のことのほうが……。

大川裕太　ああ……。

プーチン守護霊　「いい顔」っていうのは、「バカだ」という意味に、全部使われるんでな。

大川裕太　なるほど。

里村　そうすると、一月からの北朝鮮の行動に対する日本の動きというものは……。

プーチン守護霊　だから、全然なってない。

里村　まったく評価されないですか?

プーチン守護霊　もう、これはね、「独立国家」としては認めがたい。

里村　ああ……。

プーチン守護霊　こんなの独立国家じゃないよ。あそこまで挑発《ちょうはつ》されて、コケにされてね。

「サミット」は弱者連合？「米韓《べいかん》軍事演習」は効いていない

プーチン守護霊　そして、アメリカの大統領は「同盟国」と言いながら退《ひ》いて退いてして。ねえ？　もう本当に。

それで、みんなでサミットをやって、会議するとかさ。もう、まるで〝弱者連合〟みたいだよなあ。

どうせ、会議するんだろう？　北朝鮮をどうするか。

（北朝鮮は）もう一月から、「水爆実験だ」とか言って、脅してるんだよ。それを五月末ぐらいに集まってねえ、みんなで、「制裁を強めよう」とか話をするんだろう？

里村　おそらく、北朝鮮は、もう一回ぐらい核《かく》実験をやります。

プーチン守護霊　で、その会議には、どうせ中国も参加してないんだろう？

里村　はい。

プーチン守護霊　中国もロシアも参加してないんだよ。だから、後ろは〝がら空《あ》き〟なんだ。それで、「制裁の話をしたところで、何がなるか」っていう。ねえ？そういうデモンストレーションだけでしょう？

それと、米韓《べいかん》の軍事演習だけがあったけど、その間も（北朝鮮はミサイルを）撃ちまくってたんでしょう？　これを抑止《よくし》できなかったということは……。やっぱりねえ、軍事演習をやって、それで向こうが怖がって沈黙《ちんもく》してるぐらいなら、それは効いてるよ。「効いてる」と言える。

ただ、「演習をやっているときに、（ミサイルを）バンバカ撃ちまくってる」っていうのはね……。あるいは、「潜水艦《せんすいかん》から（ミサイルの）発射実験をする」とか、こういう、なめたことをやってるわけだからさあ、これは、「日本なんかは、いつでも攻略《こうりゃく》できるぞ」と、示してるわけですからね。

「安倍《あべ》総理は、マスコミといちばんよく飯《めし》を食ってる総理」

里村　ただ、プーチン大統領の守護霊様に、今、安倍《あべ》総理の軟弱《なんじゃく》ぶりをご指摘《してき》いただいていますけれども、一方で、「安倍総理は、マスコミの統制に入っている」という話も、日本ではけっこう出ています。

また、こうした場にお迎《むか》えする霊人《れいじん》がたのなかにも、「安倍さんの一部の行動のなかに、やや独裁者的傾向《けいこう》が出ている」というご指摘があったりします。

このあたりは、プーチン大統領の守護霊様からご覧になると、いかがでしょうか。

プーチン守護霊　あのね、「（安倍首相が）マスコミを統制している」っていうのは分かるけどさ、（彼は）マスコミといちばんよく飯《めし》を食ってる総理なんだろう？

里村　そうですね。

プーチン守護霊　そういうことだろう？

里村　はい。

プーチン守護霊　「マスコミの統制」っていうんじゃなくて、マスコミの経営陣《じん》と、一生懸命《いっしょうけんめい》、飯を食ってるんだろう?

里村　そうでございます。

プーチン守護霊　うん、分かってるよ。それは、もう動静《どうせい》は調べてあるから。（彼は）一生懸命、飯を食ってるんだ。「飯を食う」っていうことが、どういうことかは分かってるよね、日本的にはな。言葉は要《い》らないんだよ。

例えば、「社長と安倍総理が、金曜日の夜に飯を食ったらしい」と。それで、その次に、悪いことを書かれるような何かが……、審議《しんぎ》、あるいは発表があるとするじゃないですか。

そういうときに、「社長が安倍さんと飯を食った」と、報道ができますか? できないでしょう? そういうことでしょうから、暇《ひま》と言やあ暇だわな。暇なんだよ。

だから、それは、選挙民の買収と同じことを、マスコミたちに対して、やってる

ような
・・・・
ものなんだよな。

里村　ほお……。

安倍《あべ》総理が「独裁者」になるには、トランプ氏を見習うべき？

里村　プーチン大統領の守護霊様とは、以前より、「独裁者」という言葉を何度か交《か》わさせていただいていますけれども（前掲『プーチン大統領の新・守護霊メッセージ』参照）、昨日、金日成の霊は、安倍《あべ》総理に関して、「独裁者の片鱗《へんりん》がある」というような話もしていました。

そのあたりは、大統領の守護霊様からご覧になると……。

プーチン守護霊　いや、「日本から見たら」「日本的基準から見たら」っていうことなのかもしらんけどなあ（笑）。

里村　はい。あくまで……。

プーチン守護霊　うん。だから、それはね、トランプさんを見習ったらいいんじゃないですかね。

里村　ほお……。

プーチン守護霊　マスコミに対して、そんなの、「蛆虫《うじむし》どもが」って言ったらいいんだよ。

里村　（笑）はい。

プーチン守護霊　言ったらいいんだよ。「悪魔《あくま》が」とか言ったらいいんだよ。言い放ったらいいんだよ。もう「移民しろ」とか言ったらいいんじゃないか？　その程度のことを言やあいいんだよ。

「オバマやメルケルは、マスコミが喜ぶようなことばかりする」

大川裕太　最近、オバマさんやメルケルさんのような、意思決定力が弱い、あるいは、オピニオンの弱いリーダーが出ていると思いますけれども、プーチンさんは、こうした欧米《おうべい》諸国の首脳の〝劣化《れっか》〟、もしくは、〝オピニオン的劣化〟について、どうご覧になっていますか。

プーチン守護霊　まあ、「劣化」というか、「その程度の人物しかいない」ということなんだよ。

大川裕太　なるほど。

プーチン守護霊　だろうね。でなければ、「マスコミ共々、国民もまた頭が悪い」か、どっちかだろうけどなあ。だいたい、(マスコミは)反対の評価をするだろう?

つまり、マスコミっていうのは、反政府的な活動をすることを「善」としていることが多いから、「マスコミがいい評価をする」っていう場合はね、「無能」であることがほとんどなんだから。

里村　ああ……。

プーチン守護霊　害がないと見たら、いい評価をするからさあ。

例えば、オバマは、マスコミが喜ぶようなことばっかりするから。それで支持をもらってるつもりなんでしょう？　マスコミが喜ぶような演説を、ちゃんとするしなあ。

だから、メルケルもたぶんそうなんだろうよ。おそらくな。マスコミ受けするようなあれをしてるんだろうと思うけどなあ。

ただ、俺《おれ》のようなディシジョンメーカーとは、やや違《ちが》うわな。メルケルは、「マイナスのディシジョンメーカー」だからね。

里村　マイナスのですか。

プーチン守護霊　うーん。いつも、マイナスのことばかり考えとる。

あれはな、算数……、算数と言っちゃいけない、数学か。

里村　はい。

プーチン守護霊　数学の点数を気にしてるような、受験生の娘《むすめ》みたいなもんだよ、頭はな。

里村　ああ……。

プーチン守護霊　だから、ミスをして点を引かれるのをすごく嫌《いや》がってる。そんな感じかな。

「トランプは、二丁拳銃《にちょうけんじゅう》を持ってるガンマンみたい」

里村　私、今日、こういう機会を頂きまして、ぜひプーチン大統領の守護霊様から、トランプ氏の評価を聞きたいなと思っています。守護霊様は、トランプ氏をどのようにご覧になっていますでしょうか。

プーチン守護霊　いやあ、面白《おもしろ》いのは面白いな。久々にな。

里村　面白い。

プーチン守護霊　うん、なんか、太ってはいるけどさ、「二丁拳銃《にちょうけんじゅう》を持ってるガンマン」みたいな感じはあるよな。

里村　はい（笑）。

プーチン守護霊　ハットを被《かぶ》ってなあ、二丁拳銃をぶら下げてる感じがするよ。久々に面白いなあ。面白いわあ。

トランプ人気の秘密に迫る。
『守護霊インタビュー ドナルド・トランプ アメリカ復活への戦略』
（幸福の科学出版刊）

里村　トランプ氏もまた、プーチン大統領のことをすごく評価しています。

プーチン守護霊　そらそうだろう。アメリカの大統領は、私ほどの権力を持ってないからね。もっと何にもできないで、足を引っ張られてるから。

もしトランプ氏が大統領になったら、「ウクライナ問題」は？

里村　そうすると、もしトランプ氏がアメリカの大統領になった場合、やはり、クリミアの問題を含《ふく》め、ウクライナをめぐる「アメリカとロシアの関係」は、大きく変わっていくと見てよろしいでしょうか。

プーチン守護霊　いや、たぶん、トランプは、ウクライナがどこにあるか知らんだろう。

里村　（笑）

プーチン守護霊　クリミアもどこにあるやら、さっぱり分からんだろうからさ。誰かレクチャーをしないといかんのだろうけども、たぶん、日本から向こうは分からんと思うよ。そんなの、どうなっとるんだか、よくは分からんと思うな。

里村　つまり、「プーチン大統領が、トランプ氏をうまく掌《てのひら》に乗せて動かせる」というわけですね？

プーチン守護霊　ああ、だからねえ、「経営者的に無駄な経費は使いたくない」と、もうはっきりしてるからさ。

「EUとロシアで話し合って、よいところに落としどころを決めてくれ。アメリカは金を使わんけどね」というところで、たぶんくるでしょうね。特に関係ないもの、アメリカは。

里村　はい。

6　ロシア・中国の両国が日本の仮想敵になる⁉

〝トランプ政権〟の時代、「日本の外交」はどうあるべきか

大川裕太　もしトランプ氏が大統領になったら、彼には、オバマさんのように「嫉《しっ》妬《と》」みたいなものがないので、日本とロシアの外交関係は、かなり楽になるのではないかという予測もあるのですけれども……。

プーチン守護霊　そういう意味では、ちょっと日本自身が大人にならなきゃ駄目《だめ》だよなあ。自分の国に責任を持って判断できないと。責任回避《かいひ》してたら、どこも本気にしてくれないからさあ。

だから、「オバマの嫉妬でロシアと会えない」みたいな感じが続いてたら、でき

ないだろうしさあ。

「アメリカはアメリカでよし」「ロシアはロシアでよし」「中国に対しては、どうするか」という日本独自の外交を、要するに、オピニオンとしてはっきり出して、「こういう方向で私はやります」ということを繰《く》り返し発信しておれば、それに基《もと》づいて、外国も反応はしてくるからね。

里村　なるほど。その意味では、今まで日本は、主に外交の面で、あるいは、安全保障の面でもそうですけれども、要は、アメリカの顔色を非常に窺《うかが》いながらやってきました。

しかし、もしトランプ氏が大統領になったら、逆に日本は、態度をはっきりと示さなくてはいけない時代になるということですね。

「在日米軍の撤退《てったい》」を喜ぶのは、中国だけではない

プーチン守護霊　例えば、（トランプ氏は）「米軍基地を引き揚《あ》げるかもしらん」って言ってるんでしょう？

里村　はい。

プーチン守護霊　それを喜んでるのは中国だけじゃないよ。それを聞いて、ロシアだって喜んでますよ。

里村　ほお……。

プーチン守護霊　ロシアだって、まだ（日本と）「平和条約」を結んでませんから

ねえ。

だから、「北方四島を返せ」と言ってるのは結構だけど、「いや、北海道も欲《ほ》しいな」って言ったら?

里村　(笑)

プーチン守護霊　ええ?　まだ「平和条約」を結んでないんだからね。「北海道も欲しいなあ。東京あたりまで行きたいなあ」と……。

もともと、第二次大戦の終結のときには、〝日本列島を半分こ〟する予定だったからね。ロシア(ソ連)が東京から東側をもらって、西側はアメリカ。もともと、半分こするぐらいの予定であったものを、アメリカは速攻《そっこう》で取ってきたからね。

これで、あと一カ月ちょっと戦争が引っ張れたら、そらあ、東京付近まで攻《せ》めてきてたから、たぶん東日本はロシア領域かな。

里村　ええ。

プーチン守護霊　だから、昭和天皇が、（一九四五年の）八月十五日にご聖断《せいだん》されて、これが早かったか遅《おそ》かったかも異論はありますけどね。

「ドイツが負けた段階ぐらいで判断してもよかった」かもしらんがな。そのへんで判断すべきだったかもしれないよね。ドイツがソ連に攻め込《こ》まれて陥落《かんらく》したあたりを見たら、もう次は日本がズタズタにされるのは、目に見えとるからね。

だから、本当は、あのあたりで降参するなら、しておけばよかったかもしれないけどね。

「安倍《あべ》さんが出してきた経済の話は、全然、当てにならない」

大川裕太　今回、安倍《あべ》さんが経済の話を出してきた理由の一つには、「ウクライナ危機以降の欧米《おうべい》等からの制裁で、きっとロシアの経済は悪いだろう。それで経済の話をちらつかせたら、ロシアは振《ふ》り向くのではないか」という打算があったのではないかと思いますけれども、プーチンさんは、今後、ロシアの経済を、どのようにしていかれるおつもりでしょうか。

プーチン守護霊　いや、それは、経済のほうを出してくるぐらいのことは分かってるけどさ。

ただ、当てにならないからね、日本の言うことは。言ってることも数字も、全然、当てにならないので。まったく当てにならない。

里村　当てにならない。

プーチン守護霊　うーん。やるやら、やらないやら、本当は分かんないんだよ。本当に分かんないんだよ。

里村　ほお。戦後、日本はＯＤＡ（政府開発援助《えんじょ》）やいろいろなかたちで、経済援助、あるいは、さまざまなことをやってきましたけれども、当てにならないですか？

プーチン守護霊　ロシアはね、発展途上《とじょう》国じゃないんだよ。だから、物乞《ものご》いしてるように思ってもらいたくはないですな。

里村　ほお。

停戦のための「日本の方針演説」を求めるプーチン守護霊

プーチン守護霊　だからね、ちょっと勘違《かんちが》いしてるんじゃないかな。

いやあ、「平和条約」はいいですよ。それを推進するために、〝撒《ま》き餌《え》〟をまず撒こうとしてるんだ。餌を撒こうとしてるんだろう、たぶんな。そうなんだろうけど。ただ、何と言うかね、もう一段、その前に、やっぱり、話の枕《まくら》として、ロシアに対する「日本としての国家の方針演説」が要《い》るわけよ。そういうものがないからさ。「北方四島を返せ」ばっかり、言ってるだけでさ。

だから、本気で「戦争は本当は終わってない」って言ってんの。

里村　そういうことですね。

プーチン守護霊　だから、終わってないから、（北方四島を）返す必要はないのであって。

里村　はい。

プーチン守護霊　早い話が、〝戦争中〟なんだからさ。それは、吉田茂《よしだしげる》（元総理）の判断で「アメリカとだけ和解した」というか、「停戦」したんだろうからさ。まあ、そうなんですよ。

だから、〝戦争中〟には返還《へんかん》しませんよ。やっぱり、キチッと終わらないとな。

里村　なるほど。

プーチン守護霊　それをね、やっぱり、やらないといかんわな。

だから、あれだってそうだ。南北朝鮮《ちょうせん》だって、実際は戦争を停戦しているだけですからね。何にも終わっ

サンフランシスコ平和条約に署名する吉田茂首相。同条約によって、アメリカをはじめとする連合軍と日本との戦争状態は終結したが、旧ソ連や中国などは調印しなかった。（1951年9月8日撮影）

てませんよ。

里村　はい。そうです。

プーチン守護霊　うーん。全然、終わってませんよ。だから、ロシアは北朝鮮に攻め入ることだってできれば、別に、北海道を取ることだってできるんですからね。どっちだってできるんですから。それは、まあ、日本の援助を受けても構わないけど。

「シベリア抑留《よくりゅう》の補償《ほしょう》問題の見通しも決めなきゃいけない」

プーチン守護霊　それから、さらにまだあるんでしょう?「シベリア抑留《よくりゅう》問題」もあるんでしょう?（ソ連が日本人を）何十万人も抑留した。これの補償《ほしょう》問題もあるんじゃないの?

だから、（中国や韓国《かんこく》が）南京虐殺《ナンキンぎゃくさつ》だの、慰安婦《いあんふ》の拉致《らち》だの、何かいろいろ言うんだったら、それだって同じような問題でしょう？

大川裕太　はい。

プーチン守護霊　「抑留して強制労働を十年やらせた」っていう、この補償問題だって、また出てくるんでしょう？　このへんも全部、まだ見通しを決めなきゃいけないからね。経済援助してもらって、見返りにそちら（補償金）を取られたら、これまた一緒《いっしょ》だからね。

だから、もうちょっと、国家としての判断をはっきりして、それでロシアが嫌《きら》いなら嫌いでしょうがないです。それは、戦争のままで、今、とりあえず止まってる状態だな。

やっぱりね、幸福実現党ぐらい、ものをはっきり言ってくれれば分かりやすいわな。

里村　ほお。

「東京から北海道経由で、モスクワまでリニアを敷《し》けよ」

プーチン守護霊　なあ？　どうだい？　だから、こんなしょぼい、何か、「経済援助」なんていう話じゃなくてさ、モスクワまでちゃんとリニアを敷《し》けよ。

里村　はい。

プーチン守護霊　ええ？　北海道新幹線をやっと開いたんだろう？

里村　はい。

プーチン守護霊　ちょっと遅いけどね。だから、東京から、北海道経由で北方四島を通って、シベリアからモスクワまで、リニアで全部、ピャーッと一日で来れるぐらいにしろよ。一日でモスクワまでパーッと来れるように……。

里村　いや、戦前の日本人は、それを本当に考えて、進めていたんです。

プーチン守護霊　そうでしょう?

里村　はい。「ヨーロッパまで行く」というのを……。

山梨県のリニア実験線を走行するリニアモーターカー「L0系」。2015年4月21日には、時速603kmの有人走行を行い、鉄道における世界最高速度記録を更新した。

プーチン守護霊　シベリア鉄道を高速化すれば、行きますよ。ロシアまで行って、そうしたら、次はＥＵまでつないだらいいよ。その程度、やらんかったら、全然、面白《おもしろ》うないなあ。

今、「ロシア問題」を考えている政治家がほとんどいない

大川裕太　今、幸福の科学の国際本部のほうでも、ロシアとの関係強化を図《はか》ろうと頑張《がんば》っているところです。

また、駐《ちゅう》ロシアの日本政府関係者のなかにも、大川総裁と縁《えん》のある方がいらっしゃいますけれども、感触《かんしょく》はいかがでしょうか。

プーチン守護霊　まあ、それは、情報としては聞いてるけどね。だけど、役人はね、役人なんだよな。しょせん、役人には決定権限がないんだよ。

●戦前の日本人は……　1942年に、日本からアジアやヨーロッパへ向かう路線の敷設を目指した「大東亜縦貫鉄道」構想を立案していた。

だから、政治がそちらのほうに動かなかったら、「役人のほうが提案して動かす」っていうのは、なかなか無理なんだよ。

里村　なるほど。やはり、ディシジョンメイキング（意思決定）のところですね？

プーチン守護霊　うーん。政治がそちらへグーッと持っていかないといけないんだけど、今ねえ、（日本の政治家には）ロシア問題を考えてる人がほとんどいないんだよ。

プーチン守護霊が指摘《してき》する「日本の新たな仮想敵」の可能性

プーチン守護霊　前は、だからさ、冷戦問題で、まあ、ソ連だよね。「ソ連とアメリカとの冷戦」っていう。だから、自衛隊も全部、旧ソ連に向けて、北海道から日本海側を護《まも》っとったわね。

里村　ええ。

プーチン守護霊　それが今、中国のほうにシフトしてるんでしょう？　中国にシフトしてるけど、これでロシアのほうがもう一回再燃《さいねん》したらどうするの？　「ロシア」と「中国」と、二つ、「虎《とら》」と「龍《りゅう》」が出てきて、両方、（日本の）仮想敵だったら、どうするんだい？　下手《へた》したら、そうなるでしょう？

それで、外交を間違えたら、アメリカも退《ひ》いていくよ。機嫌《きげん》を悪くしてね。あんな、米兵が沖縄《おきなわ》の少女に暴行したとか言ったって、そんなのは、日本の犯罪率より低いよ、ずっとな。そんなの、軍隊がいたら、たまにはあるさ。

それはそれで、各個一件一件、そりゃあ、補償するなり謝るなり、ちゃんとして解決すればいいけど、それを全体の外交の問題にしてはいけないわな。

そういう傾向《けいこう》が、沖縄にあるだろう？

里村　はい。

プーチン守護霊　だから、それは、少女暴行事件だとかさ、たまにはあるけどさ。殺人事件とかも、たまにあるかもしれないけども。全体の事件率から見ればね、すごく低いでしょ。

里村　そうです。

プーチン守護霊　だから、アメリカ米軍基地があることによってね、じゃあ、沖縄の人はいったい何人殺されたんだね？　米軍基地がある間に。ええ？

その間に、交通事故でいったい沖縄の人が何人死んだんだね？　ええ？　何千人も死んでるはずだよ。

里村　はい。

プーチン守護霊　米軍によって、直接殺されたっていう人は、ほとんどいないよ。まず、いないよ。

それに、米軍の内部の……、何て言うかな。制裁というか、なかの規律は、日本の国内法よりも厳しいですよ。犯罪に対する規律はね。

里村　ええ。

プーチン守護霊　だからね、こういうのを左翼《さよく》マスコミにかき混ぜられてね、反基地運動をやられてるわけですから。これ、アメリカだって、下手したら退《ひ》きますよ。

だから、「中国」が敵になり、「ロシア」が敵になり、「アメリカ」が日本から退いて。今、下手したら、孤立《こりつ》主義に向かう。

トランプさんの考え方は、別に攻撃《こうげき》的だとは限らないよ。アメリカの伝統的な「モンロー主義」「孤立主義」に戻《もど》る可能性ね。要するに、財政赤字をなくしてね、国として十分に富むところまでは、外交にあまり口を出さずに、内政中心にやるかもしれないから。実業家として、会社の立て直しみたいな感じでやるかもしれないよ。

だから、日本を護ってくれないかも。「尖閣《せんかく》諸島？　ここ、人が住んでるの？　あ、住んでない。じゃあ、そんなもん、自分らでやったら？」って。こんなので終わりかもよ。

中国とロシアは「利用し合わなきゃいけない」

里村　今、「中国とロシアが、両方とも日本の仮想敵になったらどうするのだ」という重要なご指摘《してき》がございました。

プーチン守護霊　ありえる。ありえるよ。

里村　ええ。

プーチン守護霊　北方四島に軍事基地を、メドベージェフとかがね、キチッとつくりたがってるからさ。あそこに基地をつくれたら、北海道取れるじゃん。

里村　ただ、どうなのでしょうか。以前は、けっこう、中国に対する警戒心《けいかいしん》というのを非常に強くお持ちでございました。

プーチン守護霊　もちろん、いい国じゃないよ。あまりいい国じゃない、あれはな。いい国じゃない。

里村　ええ。

プーチン守護霊　だから、うちは、共産主義の崩壊《ほうかい》を経験しているからね。それから見たら、中国も崩壊すべきだとは思ってるよ。

そういう意味では、まだ踏《ふ》みとどまって、人民の弾圧《だんあつ》をし、自治区と称《しょう》して、他民族の国土を奪《うば》ってる状況《じょうきょう》は、よく分かるからね。

大川裕太　中国は、今、タイとかミャンマーとかにも、スパイを大量に送り込んで……。

プーチン守護霊　うん。それはそうですよ。当然です。

大川裕太　ええ。政権に裏から関係を持ったり、圧力をかけたりなどをしておりますけれども、中国は、ロシアにも、そういうことを仕掛《しか》けてきているのではないでしょうか。

プーチン守護霊　うーん、ロシアと中国は、「微妙《びみょう》な、難しい関係」だな。それはもっと、古い、古い、古い間柄《あいだがら》、関係で、お互《たが》いに警戒心のほうがやや強いかな。どっちかと言やあな。

里村　そうですね、歴史的には。

プーチン守護霊　ただ、必要とあれば、利用し合わなきゃいけない。そういうことは考えてるだろうなあ、向こうは。

里村　なるほど。

プーチン守護霊　まだ、習近平《しゅうきんぺい》が、「自分一人でやれる」と思っているところがあるからさ。特に、そんなに何か、協力の要請《ようせい》が強くあるわけじゃないので。そういうあれだけども。ただ、オープンな状態には、してはいるけどね。ただ、中国は、オーストラリアまで取りに行くつもりでいるからね。

里村　ほお。

プーチン守護霊　それは、放っておけるわけないよ。いずれね。だから、オバマみたいな大統領じゃ駄目だけど、トランプも国内問題で手が離《はな》せなくなったら、そらあ、トランプでも駄目になるね。

里村　そうでございます。

プーチン守護霊　もっと長期的な視野を持っている人がいないとな。

ロシアと日本の理想の関係とは

里村　それを考えても、やはり日本にとって、ロシアという国は非常に重要な国だと思います。

プーチン守護霊　うん。

里村　二年前（二〇一四年）には、「日本がロシア化してきている」、「ロシアが日本化してきている」、「だんだん似てきているんだ」というお言葉もありました（前《ぜん》掲《けい》『プーチン大統領の新・守護霊メッセージ』参照）。

プーチン守護霊　いや、国民は親日派だよ。けっこう親日的ですよ。とってもね。

里村　はい。

プーチン守護霊　だから、困ったときに、助け合うのが友達じゃないですか。ね？　そういう態度をね、やっぱり、クイックレスポンスしないといけないんじゃないかなあ。

だから、「困ったときには見捨てるのかな、どうかな」っていうところを今、みんな疑問を持ってるからね。ええ。

7　シリア情勢とＥＵの混迷《こんめい》について訊《き》く

「シリア情勢」に対する見解を語る

里村　世界情勢について、ロシアとの絡《から》みで言うと、「シリア情勢」がございます。

プーチン守護霊　ああ。

里村　シリアに関しても、プーチン大統領は果断に空爆《くうばく》を繰《く》り返し、「イスラム国」に対して、どんどんどんどん攻勢《こうせい》を強められました。

プーチン守護霊　うん。

里村　今、シリアで和平が実現するかどうか、ちょっと瀬戸際《せとぎわ》には来ておりますけれども。

プーチン守護霊　あのね、細《こま》かいからね、君たち、あんまり興味を持たなくてもいいよ。任《まか》せときなさい。もう、あれはねえ、正義なんか立たないよ。

里村　はあ。

プーチン守護霊　「どっちが正義」なんていうことはないから。とりあえず、もうね、終わらせたほうがいいんだよ。だから、何でもいいから、とりあえず終わらせ・・・・・・・・たほうがいいんで。ちょっと強硬《きょうこう》手段を取るかもしれないけども、もう終わらせたほうがいい。

だから、ＩＳ（「イスラム国」）にも理はあるし、それは分かるけどもね。分かるけども、とりあえず終わらせたほうがいい。

里村　ほう。

プーチン守護霊　いつまでも紛争《ふんそう》を長引かせたらよくないので。中東全体にとってもよくないから。

正しいかどうか、あの（アサド）大統領の問題も、いろいろあろうかもしれないけども、とりあえず終わらせたほうがいい。

里村　うん。

プーチン守護霊　そういう意味では、誰《だれ》かが強面《こわもて》し

シリアの実態を明らかにする『アサド大統領のスピリチュアル・メッセージ』（幸福の科学出版刊）。

て、悪役でもいいから、終わらせなきゃいけないんで、あれは。だから、君らが口を出すまでもなく、もう終わらせなきゃいけない、あれはね。

里村　そうすると、「プーチン大統領が、あえて悪役を買って出よう」ということなんですか。

プーチン守護霊　別に、悪役とは思ってないけども、終わらせますよ、それは。

大川裕太　シリアからは、欧米《おうべい》、特にフランスのほうに移民が多く押《お》し寄せ、また、ドイツにも押し寄せています。そして、フランスでは幾度《いくど》となく、テロが起きていますし、ベルギーでもテロが起きました。

プーチン守護霊　うん。

大川裕太　ロシアも、「イスラム国」への介入《かいにゅう》をしているなかで、こうしたテロへの……。

プーチン守護霊　いや、ロシアにもイスラム教徒はたくさんいますからね。

大川裕太　はい。チェチェンとか、あの辺りには。

プーチン守護霊　いやあ、そらね、手ぬるいから、テロなんかで、そんな怖《こわ》がるわけ。警察だけで対応しようとしてるから、そうなるわけで。
　軍隊で対応しようとしたら、テロなんてまったく怖くないですよ。
　警察でやろうとしたら、テロへの対応は後手《ごて》後手《ごて》になります。

里村　うん、うん、うん。

プーチン守護霊　でも、とりあえずシリア辺《へん》は押さえておかないとね。やっぱり、地中海に出る道を残しとかなきゃいけないんでね。

「北方四島」を返還《へんかん》する条件とは

プーチン守護霊　だから、北方四島も、「返せ返せ」、言うけどさ、やっぱり、あのへんを持ってると太平洋のほうに出れるからね。すごく便利だから。

里村　うん。

プーチン守護霊　ロシアは、封《ふう》じ込《こ》められると困るわけよ。海のところを全部押さえられたら出れなくなるんでね。あれ、非常に大きな念願だからさあ。

だから、あちらのほうに出れるとしたら、「シベリアの東端《とうたん》から北方四島の辺《あた》り」と、あと、「地中海のほうに出れる辺り」。あるいは、「バルト海の辺り」ぐらいしか、もう出る可能性があるところはないからね。

里村　うん。

プーチン守護霊　国としては、ここが「最大の弱点」だからね。このへんは自由にしておかないといけないわけで。

だから、（北方四島を）日本に戻《もど》し

ロシアにとって重要な３つの海上ルート

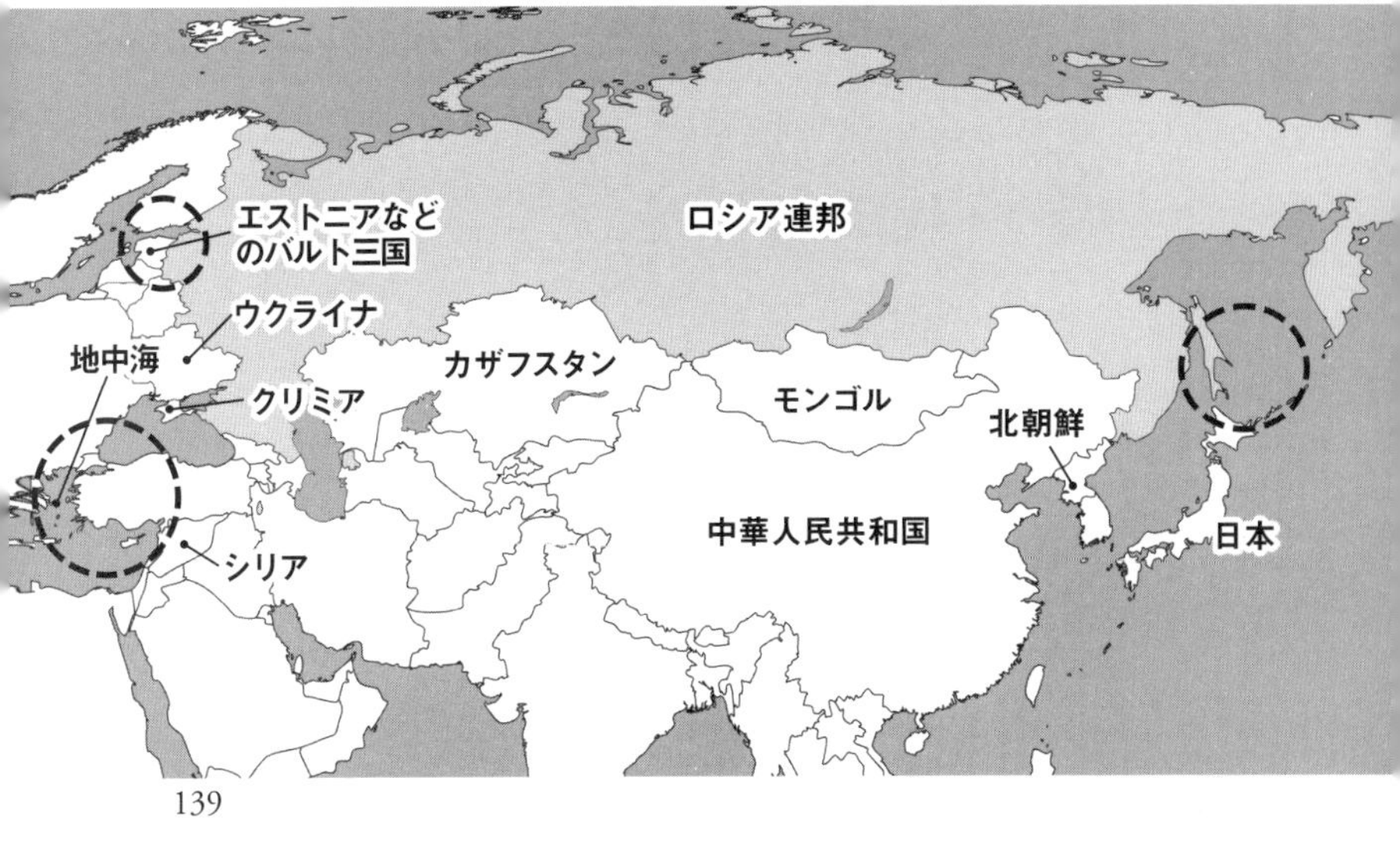

てもいいけども、日本との関係が悪くなったら、戻すのはマイナスだわな。「関係がいい」ということを前提にするなら、それは構わないけどねえ。

里村　はい。

プーチン守護霊　「日本に渡《わた》したら、そこを全然、ロシアの船は通過できない」とか。そうなってきたら、それは渡せないわなあ。

「私の判断で、平壌《ピョンヤン》を攻撃《こうげき》することができる」

里村　今年に入って、金正恩《キムジョンウン》の守護霊から話を聞いたのですが、いちばん怖いのは誰かといえば、「プーチン大統領」とのことでした（『北朝鮮《きたちょうせん》・金正恩はなぜ「水爆実験」をしたのか』〔幸福の科学出版刊〕参照）。

プーチン守護霊　それはそうだろう。

里村　また、昨日《きのう》、金日成《キムイルソン》の霊《れい》からも、プーチン大統領について、「今、世界で最も独裁者的なものが強い」という言葉がありました（前掲《ぜんけい》『北朝鮮 崩壊《ほうかい》へのカウントダウン　初代国家主席・金日成の霊言《れいげん》』参照）。

こういう言葉を聞かれての感想は、いかがでございましょうか。

プーチン守護霊　「そのとおり」でしょうねえ。だから、私の判断でね、例えば、「平壌《ピョンヤン》を攻撃《こうげき》する」っていうんだったら、できますから。今、それができる人は、ほとんどいないんじゃないですか。

里村　いないですね。

プーチン守護霊　アメリカの大統領であっても、うーん、あのオバマさんが、「平壌を攻撃する」とか宣言できますかね？　やっぱり、力がないんじゃないですかね、議会で。

里村　まあ、オサマ・ビンラディンの場合は、隠《かく》れ家《が》ですからね。

プーチン守護霊　うん、そう、そう。

里村　だから、特殊《とくしゅ》部隊を向かわせたと。ただ、「堂々と平壌を」というのは、なかなか、オバマ大統領は踏《ふ》み込めないのではないかなという感じはいたします。

プーチン守護霊　習近平《しゅうきんぺい》だってさ、それは、過去の経緯《けいい》があるから。あれは、朝鮮戦争の結果、引き分けたところだからな。それは、何とか利用価値はまだあるからね。

里村　うん。

プーチン守護霊　何だかんだ言ったって、中国が出ていこうとする、この海洋戦略に対して、敵はいっぱいいるからね。北朝鮮はやっぱり〝暴《あば》れん坊《ぼう》〟で、何て言うか、〝ヤクザ者《もん》〟だな。これを〝飼《か》っとる状況《じょうきょう》〟だからね。だから、いざとなったら、援助《えんじょ》と「引き換《か》え」に使えるからね。

里村　そうですね。

大川裕太　朝鮮戦争では、毛沢東《もうたくとう》の息子《むすこ》の毛岸英《もうがんえい》が戦死しました。中国にとって、北朝鮮は、「そこまでして護《まも》り抜《ぬ》いた国」という意識がございます。

プーチン守護霊　そうなんだ。すごい犠牲者《ぎせいしゃ》を出してるからね。だから、タダではやっぱり手放せんでしょうね。

ＥＵとかに足並みを揃《そろ》えて、経済制裁してるように見せたりするぐらいは、多少はするだろうけど、ギリギリまではやらないでしょうね、たぶんね。

ＥＵと中国の関係の行《ゆ》く末《すえ》

大川裕太　特に、私が個人的に心配なのは、ＥＵ、特にメルケル首相のドイツが、かなり中国に絡《から》め取られてきていることです。

ロシアと中国が対立したときに、ＥＵのほうが中国側に回る可能性については、プーチン大統領は、どう考えていますでしょうか。

プーチン守護霊　ないわけじゃないね。ドイツも絡め取られつつはあるし、フランスは、もともと中国に対しては、非常に低姿勢というか、〝恭順《きょうじゅん》の意〟を表している。

大川裕太　そうですね。

プーチン守護霊　毛沢東の時代から、フランスは非常に仲が良くて、おかげで、経済的に停滞《ていたい》してるわけだけどね。思想的に通じるんだろう？　「唯物論《ゆいぶつろん》思想」と、「フランスの哲学《てつがく》」が。

里村　はい。

プーチン守護霊　なんか、サルトルが、毛沢東をほめ上げたりするもんだからさ。通じ合うもんで、つながってんだよ、けっこうね。これが、ドイツまで行こうとしてるけど。

ＡＩＩＢ《エイアイアイビー》（アジアインフラ投資銀行）の問題とかを言ってるのだろうと思うけど、これは「中国の経済力、経済的発展が、嘘《うそ》か本当か、本物かどうか」、っていうところにもかかわってるわな。

大川裕太　はい。

プーチン守護霊　本当であれば、確かにＥＵまで買収にかかるぐらいの力はあるだろうけどな。

でも、これがもし嘘だった場合は、バレてくるから、信用は落ちるわな。

このへんが今、ちょっと引っ掛《か》かってきてるところじゃないかなあ。やっぱり、「日本のほうが信用できる」と見るかどうか、ってところだろうね。

「日本にいる賢者《けんじゃ》の言うことを、よく聴《き》くべきだ」

里村　私は思うのですが、ウクライナ問題で、「ＥＵ 対 ロシア」ということになってから、ＥＵがボロボロになってきているんですよね。

プーチン守護霊　そうなんだ。

里村　特に最近は、難民問題で。

プーチン守護霊　そのとおりだ。

里村　実は、「ＥＵにとって、ロシアとの関係をどうするかは、大きな分かれ目だったんじゃないか」と、今になって思うのですけれども。

プーチン守護霊　そうだよ。それが分かったのはさあ、世界で大川隆法ただ一人でしょう。それが分かったのは。

里村　ええ。

プーチン守護霊　一瞬《いっしゅん》で分かったのは、一人でしょう。この人一人しか分からなかった。

里村　はい。

プーチン守護霊　あとの人は誰も分からないんで。アメリカの大統領でさえ分からないんだから。

里村　ええ。大川総裁は、ウクライナ問題について、「経済的救済力の問題なんだ」とおっしゃっていました（『危機の時代の国際政治――藤原帰一《ふじわらきいち》東大教授 守護霊インタビュー――』〔幸福の科学出版刊〕の「まえがき」参照）。

プーチン守護霊　一瞬で分かっただろう？　「私がなぜそうしたか」が一瞬で分かった。ほかに分かった人がいないなかでさ。日本にはそういう「賢者《けんじゃ》」がいるんだからさ、その「賢者」の意見を、もうちょっとよく聴《き》いて、やらないと。

大川裕太　はい。

プーチン守護霊　まったくマスコミとかが反応しないし、国民も知らないし、政府もよく分からない状態でやってるからさ。

里村　はい。

プーチン守護霊　なぜ私がそうしているのか、うちがそうしているのか、やっぱり分からなきゃいかんわな。

だから、「恥《はじ》かかせちゃいけない」っていうことをね、知らなきゃいけないわなあ。

里村　なるほど。

プーチン守護霊が勧《すす》める「大胆《だいたん》な考え」

大川裕太　ヨーロッパのほうも、地中海の沿岸に男の子の遺体が打ち上げられた画像が流れただけで、一気に難民に対して門戸《もんこ》を開きました。

ところが、そうすることで、テロの問題や経済問題などが出てきたわけで、やはり、欧米のマスコミにも、「見通す目」というものはまったくないように思います。

プーチン守護霊　うーん、ＥＵも危ないよ。だから、イギリスが完全に（ＥＵから）分離《ぶんり》するかどうかの瀬戸際にあるし、中心であるはずのドイツが日本と同じ状態みたいなところがあるから。もう、〝先の戦犯《せんぱん》〟ということで、いじめられてるからね。

里村　ええ。

プーチン守護霊　国連の常任理事国にも入れてもらえないで、金だけ、むしられてる。だから、メルケルがやってるのは、金をむしられないようにすることで、一生懸命《いっしょうけんめい》、〝金庫を護ってる〟。（両腕《りょううで》で金庫を抱《かか》え込むジェスチャーをして）こうやって護ってるだけだよな。だけど、それでは発展はしないわな。

里村　はい。

プーチン守護霊　だから、ラテン系のヨーロッパを中心に、すごく疲弊《ひへい》してるわね、今ね。とっても疲弊してきている。アメリカも助けてくれないしね。日本なんか、ほんと、〝ギリシャを買っちゃえばよかった〟のにね。

里村　ああ。

大川裕太　ギリシャは、中国に港《みなと》を買われましたね（注。ギリシャは二〇一六年四月八日、同国最大の港であるピレウス港の売却契約《ばいきゃくけいやく》について、中国海運最大手の中国遠洋運輸集団〔コスコ・グループ〕と正式に調印した）。

プーチン守護霊　ああ、（日本は）ギリシャを丸ごと買える金があっただろう。あれは経済的には、日本の何十分の一でしょう？　あのぐらいの金、持ってるよ。うーん、買えたのに。

里村　なるほど。ヨーロッパですと、「飛び地の領土」というのが、いくらでもありますもんね（笑）。

プーチン守護霊　ギリシャを買えばよかったよな。買っちゃえばよかった、丸ごと。ハッハッハッハッ（笑）。

里村　なるほど。いや、大胆《だいたん》なお考えで、非常に胸がすく思いがいたします。

プーチン守護霊　うん、うん。

8　五年以内に予想されるアジアの危機とは

習近平《しゅうきんぺい》が任期中に狙《ねら》う「台湾併合《たいわんへいごう》」

里村　今、お話を聞いていて、日本を含《ふく》む、中国、韓国《かんこく》等のアジアは、だんだんとミニEU化してきているというか、全体に沈没《ちんぼつ》しかかっているようなイメージが湧《わ》いてまいりました。

プーチン大統領の目から、アジア全体は、今、どういうふうに見えていらっしゃるのでしょうか。

プーチン守護霊　中国についてね、「習近平《しゅうきんぺい》になったら覇権《はけん》主義になって、とても怖《こわ》い国になる」っていうのを、いち早く見抜《みぬ》いたのは、大川隆法総裁、ただ一人だろう？

里村　そうですね。

プーチン守護霊　あと（の人は）、全然そう思ってなかったんだろう？

里村　まったく逆でした。

プーチン守護霊　みんな、まったく逆で、これ（習近平）は、もう非常に軟弱《なんじゃく》な人だろうと思って。

里村　そうです。

『世界皇帝をめざす男――習近平の本心に迫る――』（幸福実現党刊）

『中国と習近平に未来はあるか――反日デモの謎を解く――』（幸福実現党刊）

プーチン守護霊　日本の民主党（当時。現・民進党）政権下でも、なんか平和裡《り》に、左翼《さよく》政権同士、仲良くやれるんじゃないかと思うとったんだろう。まったく違《ちが》ったよな、人物としてね。

里村　ええ。

プーチン守護霊　アメリカの覇権をここまで衰退《すいたい》させるまで追い込《こ》んでくるとは、まさか思ってなかったでしょう。だけど、考えてることはね、あんたがたが思う「最も悪いぐらいのところ」を考えてるから。彼が考えてることは。

里村　習近平が、ですね。

プーチン守護霊　うん。まさかと思うギリギリのところ。「最善」から「最悪」まで幅《はば》をもって予想を立てたら、いちばんね、「まっさかここまでは」と思うところが、〝彼の中道《ちゅうどう》〟だから。

里村　はあ。

大川裕太　彼の任期の範囲《はんい》内に、アメリカに対して、何かを仕掛《しか》ける可能性が高いということですか。

プーチン守護霊　だから、中国をやっぱり覇権国家にする気でいるんでしょうね。

里村　覇権国家にする気でいるんですか、今の経済状態でも。

プーチン守護霊　うん、うん。

大川裕太　しばらく前ですが、「中国がアメリカのGDPを抜くのは、二〇一六年、あるいは二〇二〇年」と言われていたときがございました。「そのころになったら何かを仕掛けるんではないか」ということも言われておりましたが。

プーチン守護霊　少なくとも五年以内に、「台湾併合《たいわんへいごう》」は絶対、やる。自分の任期中に、台湾併合は絶対にやるね。

大川裕太　なるほど。

プーチン守護霊　そのために、今、アメリカの戦力を撤退《てったい》させようとしているので、これは大仕掛けをやってます。いろんな仕掛けを、沖縄《おきなわ》から始まって、日本や周りの国全部に仕掛けてやってます。台湾を併合する目的でね。だから、南沙《なんさ》諸島、西沙《せいさ》諸島とやって、フィリピンとかベトナムとかをいっぱい牽制《けんせい》して、「そちらのほうを取るかもしれない」というふうに、一生懸命《いっしょうけんめい》、兵線を伸《の》ばしているように見せてるけど、あれは「陽動作戦」で、台湾を吸収しますね。

里村　ほお。

習近平《しゅうきんぺい》は五年以内に勝負をかけてくる

市川　台湾では、これから民進党の蔡英文《さいえいぶん》氏が総統になります。

里村　今月（五月）の二十日に新政権が発足《ほっそく》します。

プーチン守護霊　あれも、戦いの可能性があります。
だから、日本は、ロシアとだけでなくて、台湾とも、もう一段の緊密《きんみつ》度を高めないといけないでしょうね。台湾は、五年以内に落とされる可能性が高いです。

里村　ええ。

プーチン守護霊　台湾を落とされると、日本のシーレーンは完全に押《お》さえられますよ、ほんとに。
次は、沖縄も取られますから。

市川　蔡英文氏が立っても、取られると？

日台関係はどうなるのか。『緊急・守護霊インタビュー　台湾新総統　蔡英文の未来戦略』（幸福の科学出版刊）

プーチン守護霊　だから、いい口実じゃないですか。今の馬英九《ばえいきゅう》（収録時点での台湾総統）のほうは、中国に擦《す》り寄ることで、何とか「平和・共存」しようとしてたのが、「対立型」にしようとしてるわけで。

里村　はい。

プーチン守護霊　次の蔡英文は、日本を当てにしてるんだから、日本が優柔不断《ゆうじゅうふだん》な態度

台湾と日本のシーレーンの地図

を取り続けたら、それは、あっという間にやられてしまいますわね。

里村　そういうことですね。

プーチン守護霊　「いざというときは、日本が米軍と一緒《いっしょ》になって戦ってくれる」ぐらいのつもりでいるだろうからさ、彼女はね。

里村　つまり、習近平《しゅうきんぺい》は、これから後半の五年のなかで、自分の任期のなかで、そういう勝負をかけてくるという可能性があるわけですね？

プーチン守護霊　うん。くる。

里村　ほう。

「台湾陥落《たいわんかんらく》を防ぐ方法」とは

プーチン守護霊　だから、日本は、（日本の）民進党がいちばん危険な政党だね。民進党があるかぎり、本当に動けるかどうか分からない。だから、安保《あんぽ》法案か？　そういう集団的自衛権の行使ができるようにしようと、今、法改正してやっとるんだろうけども。

里村　ええ。

プーチン守護霊　結局、これは、もっと具体的に言やあね、「台湾《たいわん》が攻撃《こうげき》されたときに、日米は、あるいは日米韓は、一緒に軍隊を出してでも台湾を護《まも》るかどうか」ということころまで確認してなきゃいけないんだよ。

だけど、今の日本の野党なら、反対するだろう？　さすがに沖縄を攻撃されたら、やるだろうけどさ。台湾だったら、「あれは他国の問題だ。自衛隊員の命が失われるのが惜《お》しい」と、こう来てるから。こんな扱《あつか》いやすい国はないわな。

里村　はあ。

プーチン守護霊　だから、（中国は）マスコミの懐柔《かいじゅう》も入っているし、それは、活動家に資金をいっぱい流してるよ、今ね。うん、やってる。だけど、これと明確に戦ってるのは、幸福実現党だけだ。

里村　はい。そうでございます。

プーチン守護霊　うん。

里村　「日米韓が一緒に台湾を護る」という共同の意思を確認しないと、台湾の陥《かん》落《らく》は早いんですね？

プーチン守護霊　早いですよ。だから、五年以内にやられると思います。

里村　おお。

プーチン守護霊　狙《ねら》ってる。彼（習近平）は、任期中に落とすつもりでいるので。

大川裕太　例えば、台湾は、核《かく》武装をする必要があるでしょうか。あるいは、「そこまでしたら中国に落とされない」ということがありますか。

プーチン守護霊　いや、それはねえ、うーん……。だから、日本や韓国が（核武装を）するかどうかと、ちょっと連動してくるわね。そのへんの可能性がね。アメリカが今までさせないでいたから。「アメリカが護るから、（核武装）する必要はない」ということだったけど、アメリカが、「ペイしないから退《ひ》く」となるとね。確かに、財政赤字はきついからねえ。

里村　ええ。

プーチン守護霊　だから、日本の国家予算というか、一般《いっぱん》予算ぐらいの軍事費は使ってますから。「これを削減《さくげん》しないともたない」っていうのは、そうでしょうからね。「全額負担するか。さもなくば引き揚《あ》げる」と、こう来てるからね。

だから、この場合だったら、「核武装するなり、しないなり、各自、自由にやってくれ」と言う可能性はあるわな。

日本の核《かく》装備に関する明快な意見

大川裕太　以前、オバマ大統領が日本に来たときに、「尖閣《せんかく》諸島は日米安保の適用範囲内にある」と言ったということで、日本のマスコミは盛り上がりましたけれども、オバマ大統領の言った文言《もんごん》を正確に分析《ぶんせき》すると、「日本の主権が及んでいるかぎり、尖閣諸島は、日米安保の適用範囲内である」と言っただけにすぎません。要は、「中国に実効支配されてしまえば、特に日米安保は機能しません」と言っているように思います。

プーチン守護霊　だから、中国っていう国は、珊瑚礁《さんごしょう》を取ってね、海底から砂を吸い上げて、島をつくって、滑走路《かっそうろ》をつくって、それで、九階建てか何かの建物を建てて、対空ミサイルをつくってね、空港をつくるぐらいの国ですよ。

里村　はい。

プーチン守護霊　それから見たらね、尖閣を「自分の国だ」って言いつつ、サメを泳がせてるだけで何にもできないで、日本人の上陸も許さないでいる日本の海上保安庁なんていうのは、こんなのもう、「いざとなったら（落とすのは）一日だ」と思ってますよ。

千隻《せき》ぐらいで押しかけてきてね（笑）、周り囲んでしまって、もう日本の船が近寄れないようにしといて、建設やっちゃったらね。だから、〝三日城《みっかじょう》〟をつくっちゃったら、〝三夜城〟か知らんけど、建てちゃったら、もう終わりですよ。

里村　ええ。

プーチン守護霊　あっという間に建てれるよ。すぐつくるよ。

里村　それで、日本の自衛隊が動かないでいるのでは、とてもではないが米軍が動くとは思えませんね。

プーチン守護霊　「今、もう中国が実効支配しています。そこには、すでに一千人の中国軍が駐屯《ちゅうとん》しております」と、こう言ったらさ、それは誰《だれ》がやるんだよ。ねえ?

里村　はい。今、台湾の核《かく》装備の話が出ましたけども、日本では今年の二月に大川総裁が、「抑止力《よくしりょく》としての核装備の検討も始めなければならない」というお話をされて以来（『世界を導く日本の正義』〔幸福の科学出版刊〕参照）、核装備論がにわかに起きております。

プーチン大統領からご覧になって、日本の核装備については、どうでございましょうか。

プーチン守護霊　私が（日本の）総理大臣なら、当然します（笑）。しないと、だって、中国ならともかく、北朝鮮《きたちょうせん》まで、あなた、原爆《げんばく》実験が終わってるのは分かってる。で、水爆実験は成功したかどうかは知らんけど、まあ、本人は、「やった」と言っているから。少なくとも、近年中に完成するのは間違いないであろうし、すでに完成しているかもしれない。

里村　はい。

プーチン守護霊　さらに、潜水艦《せんすいかん》からも核ミサイルを発射できる練習をしてるんでしょう？　それから、大陸間弾道弾《だんどうだん》。

『世界を導く日本の正義』
（幸福の科学出版刊）

これはねえ、いや、放置できませんよ。私だったら、もう平壌《ピョンヤン》を攻撃してますから。アッハッハッハッハ（笑）。

里村　そういうことですか。

プーチン守護霊　とっくに攻撃してます。当たり前ですよ。あんな大会なんか開かせるわけがありませんよ。とんでもないよ。

米韓演習が終わったあとに党大会を開いてるでしょ？　あんなとこ、撃《う》ち込んじゃいますよ。当ったり前じゃないですか。放《ほ》っとくわけないじゃないですか。

里村　はあ！

プーチン守護霊　せっかく、もう一網打尽《いちもうだじん》なんだから。全部集まってるんだから、そこをやりゃあ、終わりでしょう。もう、やっちゃいますよ。

里村　ええ。

プーチン守護霊　もう、金正恩《キムジョンウン》がいるところ、どこにでも撃ち込みますよ。当ったり前じゃないですか。どこまでも。「逃《に》げられるもんなら逃げてみろ！」って言う。

9　日本が真の独立国になるためには何が必要か

日本への思いを熱く語るプーチン守護霊

里村　いやあ、私は今のお話を聞いていて、「日本の総理が、こういう方であったら」と、本当にそう思いました。

プーチン守護霊　いやあ、私もそう思ってるよ。だから、日本人の女性と結婚《けっこん》しようかと思ってるぐらいなんだからさあ。

里村　（笑）

プーチン守護霊　でも、子供は日本国籍《こくせき》を取れないのか？　父親（が日本人）でなきゃ駄目《だめ》なのかな？　でも、日本で生まれたら日本人だよな？　とにかく、日本で産んでくれたら、いいんだよな？

里村　ええ、ええ。

プーチン守護霊　日本人と結婚して、日本の産院で産んでくれれば、日本人。息子《むすこ》は日本人っていう。そういうことになるわなあ。

里村　幸福の科学グループでも、「プーチン大統領のお嫁《よめ》さんになりたい」という方が、何人もいらっしゃいますので。

プーチン守護霊　今、募《つの》ってる？　募ってくれてる？

里村　ええ。

プーチン守護霊　よし、よし、よし、よし。なるべく不老長寿《ふろうちょうじゅ》で頑張《がんば》るから。

里村　（笑）

プーチン守護霊　いや、大統領は二期やって、まだ二期はやれますけど、それから先は、また法制度を変える可能性もあるからね。私は、終身制も考えてるから。うん、一つは。

里村　ええ、ええ。

プーチン守護霊　もうちょっとやりたいけどなあ。もう体が若くてね、まだね、子供の十人や二十人はつくれそうな気がするんだよな。

里村　はあ！

プーチン守護霊　だからね、やっぱり惜《お》しいだろ？　これだけの人材を眠《ねむ》らすのは。

大川裕太　そうですね。

プーチン守護霊　ロシア一国で置いとくのは、ちょっともったいないよなあ。

里村　もう、いつお会いしてもですね、パワーを感じます（笑）。

プーチン守護霊　やっぱり、アジアのなあ、大東亜共栄圏《だいとうあきょうえいけん》？　今度は、私も一枚嚙《か》ませてもらいたいなあ。

里村　はあ、そうですかあ。

プーチン守護霊　やっぱり、親戚《しんせき》になるのがいいね、日本とロシアはね。やっぱり、そのくらい行きたいねえ。

里村　やっぱり、それだけの思いがあるだけに、今回の安倍《あべ》総理の、あの煮《に》え切らない態度は……。

プーチン守護霊　あれは、もう話にならない。

里村　もう順序を間違《まちが》えた訪問が、話にならない？

プーチン守護霊　話にならない。

里村　ほお。

プーチン守護霊　ちっちゃい。ちっちゃい。

（里村に）うーん、姿三四郎《すがたさんしろう》、来ないか、ほんとなあ。ロシア娘《むすめ》、あてがってやるから。

里村　ああ、ありがとうございます。いや、お礼を言ってる場合ではないですね（笑）。

プーチン守護霊　（笑）うん？　ありがたい？

里村　（笑）ええ、ええ、ええ。

日本国憲法に関する鋭《するど》い指摘《してき》

大川裕太　ちなみに、自民党内には、もう期待できる人はいないですか？　私も、特にいるようには思えないのですが。

プーチン守護霊　ああ……。全部を知ってるわけじゃないから分かんないけど、今のとこ、うーん……。もう、あとは……。

大川裕太　麻生《あそう》さんでも……、そうでもないですよね？

プーチン守護霊　もう終わってる人でしょう、これ。

里村　（苦笑）

プーチン守護霊　まあ、日本もこれは、「人材難」だねえ。とにかく、人材が出てこれるシステムがないわなあ。

里村　そうですねえ。

プーチン守護霊　だから、人材が出ないようにしてるからさあ。

里村　はい。冒頭《ぼうとう》おっしゃったように、選挙が……。

プーチン守護霊　ねえ……、これは……。

市川　もう一つ、日本の政治でお訊《き》きしたいのですけども。今、日本で、憲法改正論議がありまして。

プーチン守護霊　ちっちゃい話を、いつまでやっとるんだね、ほんと。

市川　ええ、「憲法を守って、国が滅《ほろ》ぶ」のか、「憲法を変えて、国を護《まも》る」のか。

プーチン守護霊　ああ、しょうもない。全部〝捨てた〟ほうがいいよ、そんなの。だから、歴史的経緯《けいい》は、アメリカが押《お》しつけたんでしょう？　ＧＨＱで。日本は反対のしようがないじゃないの、あんなの。「そのまま、これをやれ」っていうんで、外国からもらったんじゃない。

これをねえ、「明治憲法の手続きを経《へ》て、ちゃんとやった」だとか、「八月革命」だとか、いいかげんなことを言うんじゃないよ！

「革命」って言ったら、日本人が起こしたかのようにも見えるじゃないですか。

里村　ええ。

プーチン守護霊　そんなんじゃなくて、押しつけられてんだから、そんなの、もうそろそろ捨てなきゃ。「廃憲《はいけん》」ですよ。やっぱり、ちゃんと自分でつくらなきゃ駄目ですよ。どんなものでもいいから、まずつくって。

いったんつくって、あとはそれをね、いじりながら、憲法を日本に合うものに変えていきゃあいいんですよ。だから、とりあえず、何でもいいから、まずつくる。廃憲してつくることが大事で、一部をいじるなんて、やめたほうがいいよ。

●**八月革命説**　1945年8月のポツダム宣言受諾により、主権の所在が「天皇主権」から「国民主権」に移行し、日本国憲法は、この「革命」によって新たな主権者となった国民が制定したと考える学説。憲法学者の宮沢俊義《みやざわとしよし》が唱えた。

それは、もともとGHQの、英文でつくられた草案から訳しただけであるのを、もう、みんな知ってるじゃないか。

こんなの、世界の独立国家としてのね、第一等国としては恥《は》ずかしいですよ。やっぱり、独立国になりたかったら、これは捨てなきゃ駄目ですよ。

いい憲法でもね。まあ、いい憲法で、もし、「内容はこれで、ほとんどいい」っていうんだったら、それは、自分らでもう一回つくり直してもいいけどさあ。

少なくとも、文章や書き方や、かたちぐらいは変えられるでしょう。

里村　ああ……。

今、日本では逆で、「いい内容なのだから、出自《しゅつじ》は関係ないんだ」という論調が強いのですが……。

プーチン守護霊　ああ、なるほどな。

じゃあ、皇室は男の子を産むのになかなか大変だったけども。よそから連れてきて、ホイッとできるかどうか。モーゼの葦舟《あしぶね》みたいに（皇居の）お堀《ほり》にフイッと浮《う》かぶ葦舟に乗ってた男の子がいたとして、これが実は、すごく頭のいい子だったとする。三歳《さい》まで育ててみたら天才児だったと。「いい筋《すじ》の者だから、これをそのまま皇室の跡取《あとと》りにしよう」と。

それでいいかい？

里村　いや。そういうわけにはいきません。

プーチン守護霊　いかんでしょう？

里村　はい。

プーチン守護霊　「親は天才科学者同士の結婚だったらしい」とか、それだったらどうするんだ、なあ？　そういうわけにはいかんでしょう？

里村　やはり、そこには皇室の尊さの根拠《こんきょ》がございませんから。

プーチン守護霊　駄目でしょう？

里村　はい。

プーチン守護霊　だから、「正統性」が要《い》るわけよ、物事にはな。正統性っていうのが要るわけで。

各国首脳に「天皇家は天照大神《あまてらすおおみかみ》の子孫《しそん》」と説明できるのか

プーチン守護霊　それと、自主憲法を立てると同時にね、やっぱり、ちゃんとした「信仰観《しんこうかん》」を立てないと駄目ですよ。信仰をね。

日本の信仰を取り戻《もど》さないと。それがないと、今のこの天皇制も、実質上、ほとんど意味がないじゃないですか。

里村　うーん……。

プーチン守護霊　だから、伊勢志摩《いせしま》サミットで伊勢神宮《じんぐう》へ行くったって、「伊勢神宮はいったい何ぞや」って、説明を乞《こ》われても、十分に答えられないんじゃないの？　「これ、何なの？」って。

里村　はい、はい。

プーチン守護霊　これは、ギリシャのアテナ神殿《しんでん》の跡地でも回るぐらいのつもりで、みんな来てるんでしょう？　外国からは。

大川裕太　うーん。そうですね。

プーチン守護霊　そんな感じだろう？

里村　確かに、去年の「安倍談話」で、先の戦争での日本の侵略性《しんりゃくせい》を肯定《こうてい》するような、認めるようなことを言いつつ、伊勢神宮など、日本神道《しんとう》の素晴《すば》らしさを言うというのは、矛盾《むじゅん》していることになりますから。

伊勢神宮内宮の宇治橋の正面に立つ大鳥居。

プーチン守護霊　だから、みんなは、どうせ、アテナ神殿でも見学するぐらいのつもりで各国から来るからさ。

大川裕太　はい。

プーチン守護霊　「そういうものじゃないんです。今もまだ生きているんです。天照大神《あまてらすおおみかみ》のご子孫《しそん》が、今の天皇家です。信じられますか」って言ったら、みんなは、もう絶句するだろうよ。そこまで分かってないからさあ、絶句するでしょうよ。ええ。

大川裕太　まあ、そうですね。

伊勢神宮内宮の神楽殿。

里村　安倍総理は、なかなかそこまでは語れないんじゃないでしょうか。

プーチン守護霊　言えるわけないよね？

大川裕太　言えないでしょうね。

プーチン守護霊　だから、そのくらいのつもりでしょう？

10　プーチン守護霊、幸福の科学への期待を語る

世界の指導者で「アベンジャーズ」に入れるのは誰《だれ》か

里村　もう一点、昨日《きのう》、金日成《キムイルソン》霊が、こういうこともおっしゃっていました。「日本とロシアとアメリカの、このトライアングルで関係がよくなったら、北朝《きたちょう》鮮《せん》もいよいよまずい。そこで、もう血路《けつろ》を開いておかないといけないから、日本に頼《たよ》ってくる」という話をしていましたけれども、この考えについては、プーチン大統領守護霊様から見て、いかがでございますか。

プーチン守護霊　だからね、世界の指導者で、「アベンジャーズ」（ヒーローたちで結成されたスーパーチームの名前。アメリカンコミックや映画化作品がある）のな

かに入《はい》れる資格のある人がいったい何人いるかということだな。
私は、もちろん、問題なく入ります。「アベンジャーズ」に入れますね。

里村　はい。

プーチン守護霊　トランプも「アベンジャーズ」に入れる可能性がある。

里村　ほう、ほう。

プーチン守護霊　安倍《あべ》さんは、「アベンジャーズ」に入るのはちょっと厳しい。審《しん》査《さ》基準に満たないかもしれないので。その他の、走っていく〝雑兵《ぞうひょう》〟ぐらいには入

映画「アベンジャーズ」(2012年公開／ウォルト・ディズニー・スタジオ・モーション・ピクチャーズ／マーベル・スタジオ)

れるかもしれないが、「アベンジャーズ」には入れないね。

里村　そうですか。

プーチン守護霊　日本で「アベンジャーズ」に入れるのは……、大川隆法は入れる。これは「アベンジャーズ」ですね。完全に入れるね。

里村　ほう。

プーチン守護霊　中身はちょっと悪いけど、習近平《しゅうきんぺい》も、ある意味での「アベンジャーズ」ではあるわね。だから、「超人《ちょうじん》ハルク」みたいなもんかなあ。

里村　（笑）

プーチン守護霊　そういうところがあるけど。だから、この四人ぐらいですね。今、世界史的に影響《えいきょう》を与《あた》えられる考え方を持てるのは。あとはもう、雑魚《ざこ》ですな、はっきり言って。うーん。

里村　まあ、いずれにしても、北朝鮮の将来は、もう、あまりないという……。

プーチン守護霊　いや、それは考え方一つですよ。増長させれば、それは終わりですけどね。

里村　はい。

プーチン守護霊　トランプ氏は、でも、国内問題を抱《かか》えてるからね。全体を掌握《しょうあく》できるまで、どこまでかかるかはありますわね。

で、日本は放り出されて、「じゃあ、基地を引き揚《あ》げるぞ。自主防衛しなさいよ」と言われて、それでも国内が今の状態で延々と続くようだったら、トランプはこういう国は嫌《きら》いでしょうね。そういう国は、腹立つでしょう？

里村　そうですね。

プーチン守護霊　私とたぶん同じ。嫌《いや》でしょうね。

里村　ええ。

プーチン守護霊　ロシアとアメリカは仲良くなると思うよ、たぶん、おそらくね。日本は、だから、「誰《だれ》でもいいですから、話ができる人たちを押《お》さえてください」

っていうことになりますね。

「幸福の科学は将来的に日本を引っ張っていく存在」と予想

大川裕太　今、幸福の科学の国際本部のほうでも、ロシアとの関係を強化しようと、かなり努力はしております。大川隆法総裁との直談判《じかだんぱん》の可能性もありましたら、そのあたりも含《ふく》めまして、プーチン大統領守護霊様が幸福の科学に期待すること、ロシアないし日本に期待することがありましたら……。

プーチン守護霊　うん。少なくともね、君らが政治的にいろいろ困難があるのを知ってはいるよ。

里村　はい。

プーチン守護霊　知ってはいるけども。ちゃんともう、全部、調査はしてるから、（調査を）進めてるので、知ってはいるけども。

ただ、ロシアでの予想はね、私も、元ＫＧＢ（ソ連国家保安委員会）だから、予想は立てている。

将来を予想したら、「この、幸福の科学と幸福実現党が、やっぱり、日本を引っ張る」と、予想はもう立ってるので、絶対。

里村　はい。

プーチン守護霊　だから、基本的には、計画を立てて引っ張っていけるところに、最後はついていくしかないだろうと見ているので。

日本はこれから国難を迎《むか》えるだろうから、そのなかで、やっぱり、的確な意見が言える人が引っ張っていくべきだろうから、今の現状はともかくね、現状としては力がないように見えるかもしらんけども、「将来的には必ずそうなる」と見ているので。私は、まだ現役《げんえき》でやってると思っているから。

里村　はい。

プーチン守護霊　今は、君のところは、外国をやっても大して儲《もう》からないから、国際本部は、「もう〝店〟を閉《し》めようか」と思ってるぐらいの、どうせそんなところだろうと思うけどさあ。

里村　いえいえ。国際的使命は大きゅうございますから。

日本のマスコミは「オピニオンの重要さ」が判断できていない

プーチン守護霊　いやあ、けっこう、君らが思っている以上の力があるよ、潜在的《せんざい》に。少なくともね、君らは、「オピニオンの力」っていうのに、まだ十分に目覚めてない。それは、日本のマスコミが駄目《だめ》だからよ。

里村　そうですか。

プーチン守護霊　日本のマスコミが駄目だから。オピニオンじゃなくて、あれは、自社の経営のためにやってるだけであるからね。だから、オピニオン性が判断できないんでしょう？　オピニオンの重要さが、まだ判断できないでいる。

「ああだこうだ言って、うまく逃《のが》れたら、それでいい」ぐらいの政治家を立てて、持ち上げたりするんでしょう？

里村　はい。

プーチン守護霊　あるいは、血統だけでやるんでしょう？　二代目、三代目っていうような。実力が分からないでいるからね。

里村　ええ。

プーチン守護霊　だから、日本のマスコミは駄目ですよ。基本的に駄目なので。それは、外国からのいろいろなことによって、「今、日本のなかで必要とされているのは何であるか」ということが、もっとはっきりしてくるよ。これはもうすぐ始まると思う。

その端緒《たんしょ》は、もう、君らがつくっているから。君らがやっていることは全部調査が終わっているから、別にそんなに大きく見せる必要も何もない。

里村　はい。

「プーチンが日本の総理になったらどうするか」を考えよ

プーチン守護霊　ただ、「選択肢《せんたくし》として、君らしかない」ということが分かってるから。

野党も、全然、問題外です。共産党も、民進党も、全然、問題外ですし、公明党も問題外です。自民党も、安倍がもうちょっと強ければいけるかと思ったが、「ちょっと、これは駄目だな」と。もう、先は見えてきたんで。

君ら、できるだけね、はっきりとした強硬《きょうこう》な意見を言ったほうがいいよ。

里村　はっきりした強硬な意見を？

プーチン守護霊　うん。国際的にアピールしなければ駄目だと思う。だから、正論をピシッと言ったほうがいいよ。

里村　はい。

プーチン守護霊　分からなかったらね、「プーチンだったら、どう言うか。プーチンを総理に置いたら、何と言うか。どうするか」と思って、やったらいいわけよ。うーん。必ず、やるべきことはやる。

里村　日本のマスコミの反応だけを気にすると、「あまりはっきりと言わないほうが」という意見もありますけれども。

プーチン守護霊　応援《おうえん》してくれないんですからね、どうせ。今のままじゃ。

里村　世界を視野に入れたときには、はっきりと言ったほうが……。

プーチン守護霊　海外のほうが、ちゃんと的確につかんでます。

里村　なるほど。

プーチン守護霊　北朝鮮の指導者の霊が来たり、ロシアから来たりするし、たぶん、台湾《たいわん》からも来ると思うし、いろいろなところから来ると思うけど、やっぱり、言論というのを、みんな、よく見ているんですよ。「どの言論が引っ張っているか」っていうのはよく見ていますよ。

アメリカだって、そう言ってもね、君らのあれは、ちゃんと注目はしてますよ。「日本には受《う》け皿《ざら》がある」と見ている。「いざというときには、まだ受け皿はある」と見ている。

里村　はい。

プーチン守護霊　だから、マスコミが、全部、陥落《かんらく》したとき、「降参」の白旗を揚《あ》げたときには、君たちの時代が始まる。うん。

里村　私たちも、この負託《ふたく》に応《こた》えられるように頑張《がんば》ってまいります。

プーチン守護霊　うん。

11 日露《にちろ》外交に今必要な〝大技《おおわざ》〟とは

プーチン守護霊が見た「日露《にちろ》首脳会談の成果」は？

里村　今日、プーチン大統領の守護霊様から、日本の政治について、あるいは、マスコミ、国民に対する厳しい言葉を幾《いく》つも頂きましたけれども、これは、あえて、日本に期待するからこそそのお言葉であると受け止めてよろしゅうございましょうか。

プーチン守護霊　(日本は)だいぶ「後退」したよ。せっかく進めてたのにさ。ロシア制裁にジョイン(参加)したあたりから、「後退」してるよ。

だから、安倍《あべ》が日本に帰って、どんな〝いい発表〟をするかは知らんけどさあ。いずれにしても、また、G7《ジーセブン》の締《し》めつけとの「日和見《ひよりみ》」を、どうせやるんだろうからさ。どんなに言葉だけ飾《かざ》ったとしてもね、実質上の進展はしてませんよ。

里村　はい。

プーチン守護霊　「今後も引き続き関係を保ちましょう」っていうところが結論ですよ、はっきり言えば。「たまには会えるような関係ぐらいは残しておきましょう」ってところが、そのへんが実質です。

里村　うーん。

プーチン守護霊　ですから、新聞社によっては、安倍を応援《おうえん》するような新聞社によれば、「日露《にちろ》新時代へ」とかね？　あるいは、「日露平和条約へ大きく前進」とか、もしかしたら言うかもしらんけども、実質上は、「今後もまた、ときどき会いましょう」という、そこだけですから。

里村　今回、今年九月に、また、ウラジオストクに安倍首相が行くという話も出ました。年内に、プーチン大統領ご本人にも、ぜひ、日本へ来ていただいて、何とか、ロシアとの関係を前に進めていきたいと、私たちは願っております。

「主の道を整えよ！」と大川隆法の弟子《でし》たちを叱咤《しった》

プーチン守護霊　（市川に）君ねえ、ロシアにもうちょっと投資しなさい。投資して、ロシアの支部をもっともっと広げなくっちゃ。

市川　はい。

プーチン守護霊　あなた、今、（ロシアの）支部はなんぼあるの？　一つ？

市川　今、ロシアは一つです。

プーチン守護霊　一つ!?

市川　ええ。

プーチン守護霊　一つじゃ、君ねえ、そらあ話にならねえでしょ。だから、もっとガボッと、ロシア語のできる人を採用してだね、ソチにも置かないといかんし、そら、あんた、こちらの極東のほうにも置かなきゃいけないしさあ。

大川裕太　ウラジオストクに。

プーチン守護霊　要所になきゃいけないでしょう。うーん。

市川　はい。かしこまりました。

プーチン守護霊　そんなのでは、大川隆法を動かせないでしょう、あんた。そんなものでは。

市川　今、若手でもロシア語のできる人材がかなり出てきております。

プーチン守護霊　うーん。ロシアの潜在《せんざい》会員は、もう、十万人ぐらいはすぐできますよ。簡単につくれますから。

里村　ええ。ええ。

プーチン守護霊　大統領の（守護霊）霊言《れいげん》が出てるんですから、そんなものね、すぐ集まりますよ。

市川　分かりました。

プーチン守護霊　あんたねえ、先生から、「金《かね》」も「オピニオン」も、両方もらおうと思って、そらあ、考えが甘《あま》いよ！　だからね、やっぱり、「主《しゅ》の道を整えよ」と、これだからね？

里村　うん。

プーチン守護霊　やっぱり、主がちゃんと〝赤絨毯《じゅうたん》〟を歩けるようにね、道を整えるのが、弟子《でし》の仕事でしょうが！
だから、全部自分でやらないといかん、百姓《ひゃくしょう》とは違《ちが》うんだからさあ。そういうわけにはいかんだろう。ちゃんと弟子でやれよ！　そのくらいは。

市川　かしこまりました！

プーチン守護霊　ええ？　やらんと駄目《だめ》だわ。何のために存在するのか、さっぱり分からん！

里村　ロシアのほうにも道を拓《ひら》かせていただきます。

プーチン守護霊　うん。だから、あなたがたがロシア内で、できるだけ伝道できるように、私たちのほうで努力はさせてもらうから。

大川裕太　ああ、ありがとうございます。

市川　ありがとうございます。

プーチン守護霊　うーん、いろいろあったら、アプローチかけてきてくださいよ。

大川裕太　はい。

プーチン守護霊　ただ、大川隆法総裁っていうのは、今、非常に〝貴重な存在〟であるからね。万一《まんいち》のことがあったらいけないので、やっぱり、ちゃんとした陣地《じんち》を築かなきゃ駄目ですよ。ロシア内に陣地をちゃんと築いてからやらないとね。そんな、ヒョコヒョコ、旅行者みたいに来たら、それでは、やっぱり駄目だろう。

大川裕太　分かりました。

平和条約では足りないと考えるプーチン大統領の〝大技《おおわざ》〟とは

里村　本日は、プーチン大統領守護霊様から数々の貴重なお言葉を頂きました。

プーチン守護霊　だからねえ、「(日露)平和条約」だけじゃ駄目ですよ。もうちょっと、「安保《あんぽ》条約」に近いところまでいかないと。

里村　はい。はい。

プーチン守護霊　もし、日本が他国から、例えば、北朝鮮《きたちょうせん》や韓国《かんこく》、あるいは、中国から攻撃《こうげき》されるようなことがあったら、ロシアも日本とともに、防衛のために何かするぐらいのところまで踏《ふ》み込《こ》んでいって、それの交換《こうかん》条件として、シベリア鉄道のところにリニアモーターカーをぶっ飛ばすぐらいのね、その程度はやらなきゃ駄目ですよ、あんた。

里村　それが、以前からおっしゃっていた〝大技《おおわざ》〟（前掲《ぜんけい》『ロシア・プーチン新大統領と帝国《ていこく》の未来』参照）ですか？

プーチン守護霊　うーん、そう、そう、そう、そう、そう。

里村　日露安全保障条約、そしてまた、リニアも……。

プーチン守護霊　そうそう。平和条約だけじゃ後《おく》れてる。まだ足りない。もっといかなきゃいけない。

大川裕太　はい。

プーチン守護霊　だから、北朝鮮ぐらいねえ、私に任してくれれば、もう、一週間で潰《つぶ》してみせるよ。

里村　ぜひ、お願いいたします。

プーチン守護霊　うん。一週間ありゃあ潰せるよ。うーん。

最後は「正しい読みをしている人」のところについてくる

大川裕太　われわれは、政治のほうも、国際伝道のほうも、もう一段、頑張《がんば》ってまいりますので、また……。

プーチン守護霊　君ら、頑張れよ。

大川裕太　はい。

プーチン守護霊　あんまり弱気になっちゃあいかん。

大川裕太　はい。分かりました。

プーチン守護霊　日本のマスコミは狂《くる》うとるからさあ。マスコミに誘導《ゆうどう》されたら……、それは、選挙とか悪いのが出るかもしらんけど、いずれ総崩《そうくず》れになるから、もうすぐ。うーん、総崩れになるから。

大川裕太　分かりました。はい。

プーチン守護霊　国際情勢から崩れてくるから。読みを間違ってる。「正しい読み」をしていた人のところに、最後はついてくる。それは「明治維新《いしん》」と一緒《いっしょ》だよ。

大川裕太　はい。

プーチン守護霊　必ず、正しく見えている人のほうに、みんなはついてくるから。うん、心配しなくていい。

大川裕太　分かりました。

プーチン守護霊　それはもうね、十年かからない。必ずそうなってくるから、もうすぐ。うーん。

里村　はい。承知《しょうち》いたしました。今日は勇気をたくさん頂きました。まことにありがとうございました。

大川裕太・市川　ありがとうございました。

12　三度目のプーチン守護霊の霊言《れいげん》を終えて

大川隆法　（手を三回叩《たた》く）以前よりも、やや硬派《こうは》で来ましたから、昨日《きのう》、プーチン大統領が安倍《あべ》首相と会って、腹が立ったのでしょう。どのような発表をするかは分かりませんが、これは腹が立ったのだと思います。

「こいつぅ……」という感じでしょうか。「永田町《ながたちょう》の論理は通用しない」ということですね。

里村　今の（プーチン守護霊の）お言葉と、現在発表されているところによると、「昨日、安倍首相はお茶を濁《にご》しに行った」という感じです。

大川隆法　いや、〝仁義《じんぎ》を切りに〟行ったのでしょう。「議長国として（ほかの国は）呼びますが、ロシアは呼びません。それについては、ごめんなさい。また別の機会に会って、話しましょうね」ということだと思います。

里村　はい。

大川隆法　ただ、昨日、金日成《キムイルソン》から、「ここが世界の中心だから」という決め言葉が出てきましたが、意外にそうかもしれません（前掲《ぜんけい》『北朝鮮《きたちょうせん》崩壊《ほうかい》へのカウントダウン　初代国家主席・金日成の霊言《れいげん》』参照）。確かに、各国首脳が真意を伝えにやって来ていますからね。

里村　はい。

大川隆法　これで行くと、「対ロシア」「対台湾《たいわん》」も、もっと〝太く〟しないといけないでしょう。

あちら（ロシア）がトランプ的な感じで来るようであれば、日本も自立するかたちで変貌《へんぼう》できるかを考えなければいけないし、台湾も国家として認めるぐらいの力が必要かもしれませんね。

大川裕太　なるほど。分かりました。

大川隆法　やはり、よそからのほうがよく見える場合もあるので、参考にさせていただきたいと思います。

質問者一同　ありがとうございました。

あとがき

「歯《は》に衣《きぬ》を着《き》せない」という言葉があるが、本書に表されたプーチン大統領の本心こそ、まさにそう表現されるべきだろう。

本書には、日本の政治・外交・マスコミなどの、根本的な問題点が指摘《してき》されており、まさに現代日本のあるべき姿に対する「テキスト」だといってよいだろう。

詳《くわ》しい内容は、本文をご精読《せいどく》頂きたいが、プーチン氏が日本に期待している大技《おおわざ》は、大体読み取れるだろう。

日本の政治家、官僚《かんりょう》、マスコミ、学者、経済人たちに、伊勢志摩《いせしま》サミット開催《かいさい》前に、ぜひとも本書をご一読頂きたいと思う。私からは、中国、ロシアの二大国を同時に敵に回してはいけないことだけは強く申し上げておきたいと思う。

二〇一六年　五月十九日

幸福《こうふく》の科学《かがく》グループ創始者兼総裁《そうししゃけんそうさい》
幸福実現党創立者兼総裁《こうふくじつげんとうそうりつしゃけんそうさい》　大川隆法《おおかわりゅうほう》

『プーチン 日本の政治を叱る』 大川隆法著作関連書籍

『世界を導く日本の正義』（幸福の科学出版刊）
『北朝鮮 崩壊へのカウントダウン　初代国家主席・金日成の霊言』（同右）
『プーチン大統領の新・守護霊メッセージ』（同右）
『北朝鮮・金正恩はなぜ「水爆実験」をしたのか』（同右）
『危機の時代の国際政治――藤原帰一 東大教授 守護霊インタビュー――』（同右）
『ロシア・プーチン新大統領と帝国の未来』（幸福実現党刊）

※左記は書店では取り扱っておりません。最寄りの精舎・支部・拠点までお問い合わせください。

『天御中主神 霊指導　宗教政治学入門』（幸福実現党刊）

プーチン 日本《にほん》の政治《せいじ》を叱《しか》る

──緊急守護霊メッセージ──

2016年5月20日　初版第1刷

著　者　　大《おお》川《かわ》 隆《りゅう》 法《ほう》

発行所　幸福の科学出版株式会社

〒107-0052 東京都港区赤坂2丁目10番14号

TEL(03)5573-7700

http://www.irhpress.co.jp/

印刷・製本　株式会社 研文社

落丁・乱丁本はおとりかえいたします

ISBN978-4-86395-797-8 C0030

写真：AA/時事通信フォト／時事／mtaira／作者名/Sean Pavone／Photoshot/時事通信フォト／AFP=時事／朝鮮通信＝時事／EPA=時事／dpa/時事通信／SPUTNIK/時事通信フォト

大川隆法ベストセラーズ・地球レベルの正義を求めて

正義の法

法シリーズ
第22作

憎しみを超えて、愛を取れ

テロ事件、中東紛争、中国の軍拡——。あらゆる価値観の対立を超える「正義」とは何か。著者 2000 書目となる「法シリーズ」最新刊！

2,000円

世界を導く日本の正義

20 年以上前から北朝鮮の危険性を指摘してきた著者が、抑止力としての日本の「核装備」を提言。日本が取るべき国防・経済の国家戦略を明示した一冊。

1,500円

現代の正義論

憲法、国防、税金、そして沖縄。
——『正義の法』特別講義編

国際政治と経済に今必要な「正義」とは——。北朝鮮の水爆実験、イスラムテロ、沖縄問題、マイナス金利など、時事問題に真正面から答えた一冊。

1,500円

※表示価格は本体価格（税別）です。

大川隆法ベストセラーズ・ウクライナ問題と日ロ関係

プーチン大統領の新・守護霊メッセージ

独裁者か? 新時代のリーダーか? ウクライナ問題の真相、アメリカの矛盾と限界、日ロ関係の未来など、プーチン大統領の驚くべき本心が語られる。

1,400円

自由の革命
日本の国家戦略と世界情勢のゆくえ

「集団的自衛権」は是か非か!? 混迷する国際社会と予断を許さないアジア情勢。今、日本がとるべき国家戦略を緊急提言!

1,500円

「忍耐の時代」の外交戦略 チャーチルの霊言

もしチャーチルなら、どんな外交戦略を立てるのか? "ヒトラーを倒した男"が語る、ウクライナ問題のゆくえと日米・日ロ外交の未来図とは。

1,400円

大川隆法 霊言シリーズ・世界のリーダーたちの本心

ロシア・プーチン 新大統領と帝国の未来
守護霊インタヴュー

中国が覇権主義を拡大させるなか、ロシアはどんな国家戦略をとるのか!?また、親日家プーチン氏の意外な過去世も明らかに。【幸福実現党刊】

1,300円

守護霊インタビュー ドナルド・トランプ アメリカ復活への戦略

英語霊言 日本語訳付き

次期アメリカ大統領を狙う不動産王の知られざる素顔とは? 過激な発言を繰り返しても支持率トップを走る「ドナルド旋風」の秘密に迫る!

1,400円

中国と習近平に 未来はあるか
反日デモの謎を解く

「反日デモ」も、「反原発・沖縄基地問題」も中国が仕組んだ日本占領への布石だった。緊迫する日中関係の未来を習近平氏守護霊に問う。【幸福実現党刊】

1,400円

※表示価格は本体価格(税別)です。

大川隆法 霊言シリーズ・中東問題の本質を探る

ムハンマドよ、パリは燃えているか。
―表現の自由vs.イスラム的信仰―

「パリ新聞社襲撃テロ事件」の発端となった風刺画は、「表現の自由」か"悪魔の自由"か？ 天上界のムハンマドがキリスト教圏に徹底反論。

1,400円

イスラム国〝カリフ〟バグダディ氏に直撃スピリチュアル・インタビュー

「イスラムの敵になることを日本人は宣言した」――。「イスラム国」が掲げる「正義」の真相を徹底解明。これに日本と世界はどう応えるのか？

1,400円

アサド大統領のスピリチュアル・メッセージ

英語霊言
日本語訳付き

混迷するシリア問題の真相を探るため、アサド大統領の守護霊霊言に挑む――。恐るべき独裁者の実像が明らかに！

1,400円

※表示価格は本体価格（税別）です。

大川隆法 霊言シリーズ・安倍政権のあり方を問う

吉田松陰は安倍政権をどう見ているか

靖国参拝の見送り、消費税の増税決定――めざすはポピュリズムによる長期政権? 安倍総理よ、志や信念がなければ、国難は乗り越えられない!【幸福実現党刊】

1,400円

安倍総理守護霊の弁明

総理の守護霊が、幸福の科学大学不認可を弁明!「学問・信教の自由」を侵害した下村文科大臣の問題点から、安倍政権の今後までを徹底検証。

1,400円

「首相公邸の幽霊」の正体

東條英機・近衛文麿・廣田弘毅、日本を叱る!

その正体は、日本を憂う先の大戦時の歴代総理だった! 日本の行く末を案じる彼らの強い信念が語られる。安倍首相守護霊インタビューも収録。

1,400円

幸福の科学出版

大川隆法シリーズ・最新刊

北朝鮮
崩壊へのカウントダウン
初代国家主席・金日成の霊言

36年ぶりの党大会当日、建国の父・金日成の霊が語った「北朝鮮崩壊の危機」。金正恩の思惑と経済制裁の実情などが明かされた、国際的スクープ！

1,400円

未知なるものへの挑戦

新しい最高学府「ハッピー・サイエンス・ユニバーシティ」とは何か

秀才は天才に、天才は偉人に――。2015年に開学したＨＳＵの革新性と無限の可能性を創立者が語る。日本から始まる教育革命の本流がここにある。

【HSU出版会刊】

1,500円

小渕恵三元総理の霊言

非凡なる凡人宰相の視点

増税、辺野古問題、日韓合意――。小渕元総理から見た、安倍総理の本心とは？穏やかな外見と謙虚な言動に隠された"非凡な素顔"が明らかに。【幸福実現党刊】

1,400円

幸福の科学グループのご案内

宗教、教育、政治、出版などの活動を通じて、地球的ユートピアの実現を目指しています。

幸福の科学

一九八六年に立宗。信仰の対象は、地球系霊団の最高大霊、主エル・カンターレ。世界百カ国以上の国々に信者を持ち、全人類救済という尊い使命のもと、信者は、「愛」と「悟り」と「ユートピア建設」の教えの実践、伝道に励んでいます。

（二〇一六年五月現在）

愛

幸福の科学の「愛」とは、与える愛です。これは、仏教の慈悲《じひ》や布施《ふせ》の精神と同じことです。信者は、仏法真理をお伝えすることを通して、多くの方に幸福な人生を送っていただくための活動に励んでいます。

悟り

「悟り」とは、自らが仏の子であることを知るということです。教学《きょうがく》や精神統一によって心を磨き、智慧《ちえ》を得て悩みを解決すると共に、天使・菩薩《ぼさつ》の境地を目指し、より多くの人を救える力を身につけていきます。

ユートピア建設

私たち人間は、地上に理想世界を建設するという尊い使命を持って生まれてきています。社会の悪を押しとどめ、善を推し進めるために、信者はさまざまな活動に積極的に参加しています。

国内外の世界で貧困や災害、心の病で苦しんでいる人々に対しては、現地メンバーや支援団体と連携して、物心両面にわたり、あらゆる手段で手を差し伸べています。

年間約３万人の自殺者を減らすため、全国各地で街頭キャンペーンを展開しています。

公式サイト **www.withyou-hs.net**

ヘレン・ケラーを理想として活動する、ハンディキャップを持つ方とボランティアの会です。視聴覚障害者、肢体不自由な方々に仏法真理を学んでいただくための、さまざまなサポートをしています。

公式サイト **www.helen-hs.net**

INFORMATION

お近くの精舎・支部・拠点など、お問い合わせは、こちらまで！

幸福の科学サービスセンター

TEL. 03-5793-1727 （受付時間 火〜金：10〜20時／土・日・祝日：10〜18時）

幸福の科学 公式サイト happy-science.jp

教育

学校法人 幸福の科学学園

学校法人 幸福の科学学園は、幸福の科学の教育理念のもとにつくられた教育機関です。人間にとって最も大切な宗教教育の導入を通じて精神性を高めながら、ユートピア建設に貢献する人材輩出を目指しています。

幸福の科学学園

中学校・高等学校（那須本校）
2010年4月開校・栃木県那須郡（男女共学・全寮制）
TEL **0287-75-7777**
公式サイト **happy-science.ac.jp**

関西中学校・高等学校（関西校）
2013年4月開校・滋賀県大津市（男女共学・寮及び通学）
TEL **077-573-7774**
公式サイト **kansai.happy-science.ac.jp**

仏法真理塾「サクセスNo.1」 TEL **03-5750-0747**（東京本校）
小・中・高校生が、信仰教育を基礎にしながら、「勉強も『心の修行』」と考えて学んでいます。

不登校児支援スクール「ネバー・マインド」 TEL **03-5750-1741**
心の面からのアプローチを重視して、不登校の子供たちを支援しています。
また、障害児支援の**「ユー・アー・エンゼル！」運動**も行っています。

エンゼルプランV TEL **03-5750-0757**
幼少時からの心の教育を大切にして、信仰をベースにした幼児教育を行っています。

シニア・プラン21 TEL **03-6384-0778**
希望に満ちた生涯現役人生のために、年齢を問わず、多くの方が学んでいます。

NPO活動支援

ブログ **blog.mamoro.org**

学校からのいじめ追放を目指し、さまざまな社会提言をしています。また、各地でのシンポジウムや学校への啓発ポスター掲示等に取り組む一般財団法人「いじめから子供を守ろうネットワーク」を支援しています。

公式サイト **mamoro.org**
相談窓口 **TEL.03-5719-2170**

政治

幸福実現党

内憂《ないゆう》外患《がいかん》の国難に立ち向かうべく、二〇〇九年五月に幸福実現党を立党しました。創立者である大川隆法党総裁の精神的指導のもと、宗教だけでは解決できない問題に取り組み、幸福を具体化するための力になっています。

幸福実現党 釈量子サイト
shaku-ryoko.net

Twitter
釈量子@shakuryoko
で検索

党の機関紙
「幸福実現NEWS」

幸福実現党 党員募集中

あなたも幸福を実現する政治に参画しませんか。

- ○ 幸福実現党の理念と綱領、政策に賛同する18歳以上の方なら、どなたでも党員になることができます。
- ○ 党員の期間は、党費（年額 一般党員5千円、学生党員2千円）を入金された日から1年間となります。

党員になると

党員限定の機関紙が送付されます。（学生党員の方にはメールにてお送りします）
申込書は、下記、幸福実現党公式サイトでダウンロードできます。

住所：〒107-0052
東京都港区赤坂2-10-8 6階
幸福実現党本部

TEL 03-6441-0754
FAX 03-6441-0764
公式サイト **hr-party.jp**
若者向け政治サイト **truthyouth.jp**

出版メディア事業

幸福の科学出版

大川隆法総裁の仏法真理の書を中心に、ビジネス、自己啓発、小説など、さまざまなジャンルの書籍・雑誌を出版しています。他にも、映画事業、文学・学術発展のための振興事業、テレビ・ラジオ番組の提供など、幸福の科学文化を広げる事業を行っています。

アー・ユー・ハッピー?
are-you-happy.com

ザ・リバティ
the-liberty.com

幸福の科学出版
TEL **03-5573-7700**
公式サイト **irhpress.co.jp**

THE FACT

ザ・ファクト
マスコミが報道しない
「事実」を世界に伝える
ネット・オピニオン番組

Youtubeにて
随時好評配信中!

ザ・ファクト 検索

NEW STAR PRODUCTION ニュースター・プロダクション

ニュースター・プロダクション(株)は、世界を明るく照らす光となることを願い活動する芸能プロダクションです。二〇一六年三月には、ニュースター・プロダクション製作映画「天使に〝アイム・ファイン〟」を公開。

映画「天使に〝アイム・ファイン〟」のワンシーン(下)と撮影風景(左)。

公式サイト
newstar-pro.com